AF189610

Das kleine Handbuch der Rhetorik 2100

Erfolgreich reden

Die Kunst, flott vorzutragen

Horst Hanisch

© Zweite Auflage: 2019 by Horst Hanisch, Bonn

© Erste Auflage: 2017 by Horst Hanisch, Bonn

Bibliografische Information der Deutschen Nationalbibliothek: Die Deutsche Nationalbibliothek verzeichnet diese Publikation in der Deutschen Nationalbibliografie; detaillierte bibliografische Daten sind im Internet über dnb.dnb.de abrufbar.

Der Text dieses Buches entspricht der neuen deutschen Rechtschreibung.

Aus Gründen der einfacheren Lesbarkeit wird auf das geschlechtsneutrale Differenzieren, zum Beispiel Mitarbeiter/Mitarbeiterin weitestgehend verzichtet. Entsprechende Begriffe gelten im Sinne der Gleichbehandlung für alle Geschlechter.

Idee und Entwurf: Horst Hanisch, Bonn

Lektorat: Alfred Hanisch, Bonn; Annelie Möskes, Bornheim

Buchsatz: Guido Lokietek, Aachen; Horst Hanisch, Bonn

Umschlag: Christian Spatz, engine-productions, Köln; Horst Hanisch, Bonn

Zeichnungen: Horst Hanisch, Bonn

Herstellung und Verlag: BOD – Books on Demand GmbH, Norderstedt

ISBN: 978-3-7448-3940-2

Das kleine Handbuch der Rhetorik 2100

Erfolgreich reden
Die Kunst, flott vorzutragen

Inhaltsverzeichnis

Einleitung

„Die Kunst, flott vorzutragen"

Wie lange quält schon der Gedanke, endlich vernünftige Präsentationen halten zu können? Die Vorträge sollen ‚Hand und Fuß' haben.

Ein vernünftiger Einstieg soll auf das Thema neugierig machen, die Struktur logisch und nachvollziehbar sein, das Präsentationsende die Zuhörer mit einem gekonnten Appell oder einer passenden Moral überzeugen.

Wie baut sich eine Rede oder eine Präsentation auf, welche Wörter werden bevorzugt, welche ‚Negativwörter' sollen vermieden werden?

Und natürlich soll mit den Zuhörern eine Interaktion erfolgen, damit diese sich eingebunden fühlen. Dass die Stimme beziehungsweise der Tonfall die Vortragsweise deutlich beeinflussen kann, ist nachvollziehbar.

Wie kann was und wie betont werden, um der Aussage eine besondere Bedeutung zu geben?

Erlernen Sie die vielfältige und wichtige Basis der Rhetorik, die notwendig ist, um in allen möglichen zukünftigen Dialogen, Reden und Gesprächen überzeugend Ihre Ideen und Ihr Wissen zu vermitteln.

Treten Sie ein in die ‚Kunst zu reden', die Rhetorik des 21. Jahrhunderts.

Praxisnah, zeitgemäß und kompakt. Das sind drei interne Vorgaben für unsere Rhetorik-Ratgeber. In unserer Reihe der kleinen Rhetorik-Handbücher wird jeweils ein wesentlicher Teil aus dem umfangreichen Bereich der Rhetorik kompakt vorgestellt.

Die Themenbereiche sind beispielsweise den Büchern ‚Das große Buch der Rhetorik [2100]' oder ‚Trickreiche Rhetorik [2100]' vom selben Autor entnommen. Die Zahl 2100 steht dabei für das 21. Jahrhundert, was die Aktualität der Themen unterstreicht. Diese entsprechen den heutigen Anforderungen im beruflichen Umgang miteinander.

Im vorliegenden Ratgeber „Rhetorik – Erfolgreich reden"
wird schwerpunktmäßig auf folgende Themen eingegangen:

- Korrekte Struktur einer Präsentation
- Interaktion und Kommunikation mit dem Zuhörer
- Passende Wortwahl und unterstreichender Sinnesein-
  satz zum besseren Verständnis

Viel Erfolg bei der Vertiefung bestehenden Wissens und er-
folgreichen Einsatz im Berufsleben.

Teil 1 – Korrekte Struktur einer Präsentation

Basis für eine professionelle Präsentation

Dynamisch und kurzweilig vortragen

Wer kennt sie nicht, die langweiligen Reden, möglichst monoton vorgetragen und gespickt mit ähm und öhms?

Viel anregender (und professioneller) sind die Reden, Vorträge und Präsentationen, die lebhaft, dynamisch und kurzweilig rüberkommen, die beim Zuhörer alle Sinne anregen, die sich bildhaft und farbenfroh – dort wo es passt – mit einer Prise Humor am deutlich zu erkennenden roten Faden entlang entwickeln.

Der Zuhörer profitiert von vermittelten Informationen, die das Wissen erweitern und einen wertvollen Erkenntniszuwachs schaffen.

Gut gelaunt, motiviert und gegebenenfalls sogar begeistert applaudieren die Zuhörer am Ende der Ausführungen. So soll es sein!

Und so schwierig ist es gar nicht, den Zuhörer zu inspirieren.

Wie schön wäre es, gäbe es eine Checkliste, die nur abgehakt werden müsste, um eine tolle Rede hinzulegen. Nun, so ist es nicht – und soll es auch nicht sein, bestünde doch die berechtigte Gefahr, überall gleichartige Präsentationen zu hören.

Rhetorik-Gerüst individuell füllen

Lassen Sie es uns so ausdrücken: Ihnen, liebe Leserin und lieber Leser, wird ein ‚Rhetorik-Gerüst' an die Hand gegeben, welches Sie mit Ihren besonderen Stärken, eigenen Vorstellungen und persönlichem Profil individuell füllen. Es kann (und sollte) Ihnen gelingen, einen eigenen Vortragsstil zu entwickeln, in dem Sie selbst ‚aufgehen' können, um Ihre Zuhörer rhetorisch zu überzeugen. Bringen Sie Struktur und Spannung ein, Bewegung, Abwechslung und Initiative.

Ihre Zuhörer investieren nicht nur Zeit, sondern auch Energie und in der Regel Geld, um Ihren Worten zu lauschen.

Transferleistung

Schaffen Sie für den Zuhörer eine Transferleistung. Damit ist gemeint, dass der Zuhörer aus Ihren Schilderungen etwas in sein Berufsleben (und wenn gewünscht auch ins Private) transferieren kann. Er gewinnt nicht nur neue Informationen, sondern erkennt auch deren Anwendung.

Aha-Erlebnis

Oft ist das durch ein zustimmendes Kopfnicken oder einer Feststellung „ja, das stimmt" erkennbar. Manchmal wird auch durch den sogenannten Aha-Effekt beziehungsweise ein Aha-Erlebnis schlagartig eine neue Erkenntnis gewonnen.

Der deutsche Psychologe Karl Bühler (1879 – 1963) führte diesen Begriff ein. Aha-Erlebnis – ein Problem wird durchschaut, jedoch noch nicht die Lösung erkannt. Die Person spürt, auf dem richtigen Weg zu sein. Sie probiert und erreicht die ‚Schwelle zum Denken'. Plötzliche Überschreitung dieser Schwelle (das ist das eigentliche Aha-Erlebnis), gefolgt vom Moment der Einsicht. Es bedeutet:

- die <u>plötzlich</u> auftretende Einsicht in die Lösung eines Problems, oder

- das <u>schlagartige</u> Erkennen von Zusammenhängen.

Der Wissenszuwachs wurde plötzlich erhöht. Im Idealfall offenbart sich dem Zuhörer, wo und wie er das neue Wissen sinnvoll einsetzen kann. Die investierte Zeit hat sich gelohnt. So soll es sein!

Der Rote Faden

Damit Ihnen genau das gelingt, bedarf es einiger handwerklichen, methodischen Fähigkeiten, auf die wir in diesem Ratgeber eingehen. Soziale Kompetenz, Einfühlungsvermögen, ein gesundes Selbstvertrauen und weiteres lässt eine Präsentation rund werden.

Um eine flotte Rede gelungen vorzutragen, ist ein roter Faden zu spannen.

Der Rote Faden

An diesem unsichtbaren Faden orientiert sich der Zuhörer. Die Struktur wird sichtbar, die Übersicht und Ordnung bleibt bestehen.

Bei manchen Rednern scheint der Ablauf so auszusehen, könnte er als Linie aufgezeichnet werden:

Langweilige Wiederholungen, endlose Schachtelsätze, die sich im Nirgendwo verlieren, unlogische Sprünge im Ablauf verraten den rhetorischen Laien.

Der Trainierte hat seine Struktur deutlich vor Augen, macht diese für den Zuhörer hör- und sichtbar.

Vergrößern wir die erste Zeichnung, lassen sich einzelne Blöcke erkennen, die bei näherem Hinschauen beispielsweise folgende Präsentationsteile kennzeichnen.

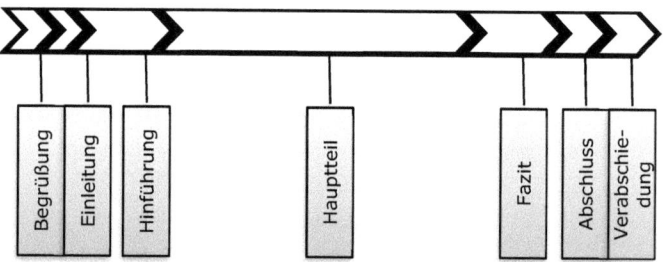

Diese Präsentationsteile können verschieden lang sein, was dem Redeanlass entspricht und natürlich auch von der zur Verfügung stehenden Zeit anhängig ist.

Vortragsarten

In diesem Ratgeber und den anderen der Reihe „Das kleine Rhetorik-Handbuch ^{2100M} werden wir immer die Begriffe Rede, Vortrag, Präsentation und andere hören. Auch wenn alle Vortragsarten professionell und kurzweilig dargestellt sein sollen, sehen wir hier einen kleinen Unterschied zwischen diesen Begriffen.

Die folgende Aufstellung soll eine gewisse Übersicht geben. Zu den drei Kategorien Präsentation, Vortrag und Rede werden Beispiele gegeben.

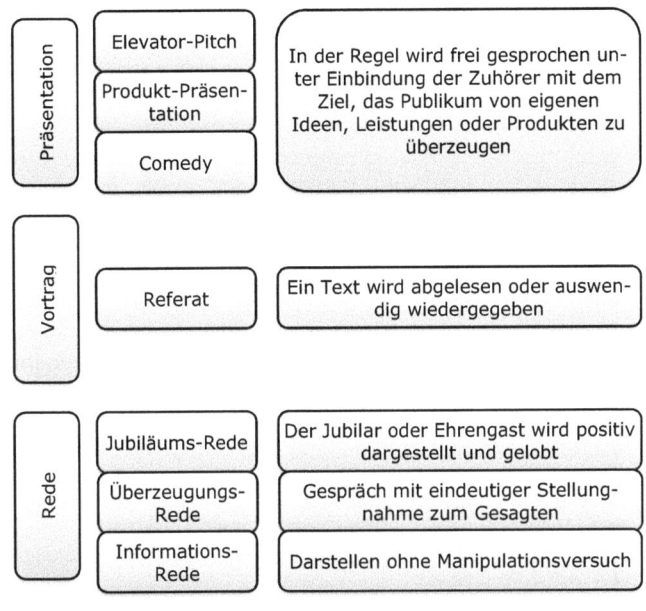

Allen Redearten wird ein gewisser Schwierigkeitslevel unterstellt. Eine Art ist nicht schlechter als die andere, jede hat ihre Herausforderung.

Der einfacheren Lesbarkeit halber werden wir im folgenden Text trotzdem alle Begriffe gleichwertig behandeln.

Lassen Sie uns in den ersten Schwerpunkt des Ratgebers einsteigen und die Struktur einer Präsentation beleuchten.

Die Präsentation korrekt beginnen – die Einleitung

Es geht los

Die Zuhörerinnen und Zuhörer haben Platz genommen. Vereinzelt tuscheln einige Teilnehmer miteinander, andere blättern in ihren Unterlagen. Hier wird noch in der Tasche gekramt, dort raschelt ein hastig aufgedrehtes Bonbonpapier. Eine leichte und leise Geräuschkulisse füllt den Raum.

Und nun sind Sie dran, liebe Leserin, lieber Leser. In ganz wenigen Augenblicken werden sich mehrere Augenpaare auf Sie richten, um Ihren Worten zu lauschen. Gutes Gelingen.

Sie räuspern sich einmal leise, konzentrieren sich, setzen Ihr charmantestes Lächeln auf – und los geht's!

Die ersten Wörter werden gesprochen. Herzklopfen? Macht nichts: einfach weiterfahren! Mehrere richtige Möglichkeiten stehen Ihnen zur Verfügung, um Ihre Präsentation korrekt zu beginnen. Drei der möglichen Variationen, Ihre Präsentation einzuleiten, werden hier beschrieben.

Der seriöse Beginn

Sie bevorzugen den konservativen Einstieg?

- Seriöser Beginn
  - Sie beginnen Ihre Präsentation in der üblichen Art mit: „Guten Tag, meine … Ich bin … und spreche heute über das Thema … Gehen wir zunächst …"
- Denkzeit
  - Sie geben Ihren Zuhörern eine Problemstellung vor. Sie werfen nach Ihrer Begrüßung die Problemstellung durch eine Frage auf: „Was wäre geschehen, wenn Kleopatra und Caesar einander nicht begegnet wären?"
  - Ihre Zuhörer denken nach und werden dadurch in das Thema miteinbezogen. Neugierde wird geweckt, Spannung aufgebaut. Sie fahren weiter: „Guten Tag, meine … Ich heiße … Unser heutiges Thema lautet … Gehen wir zunächst …"

- Vorspann

  - „Guten Tag, meine …, mein Name ist … Ich habe Ihnen hier einen kleinen Filmausschnitt mitgebracht.‟ Starten Sie Ihre Filmeinspielung per Beamer (Zum Beispiel werden drei Werbespots gezeigt). Stoppen Sie dann das Gerät. „Sie haben nun drei Werbespots gesehen. Was sagen Sie dazu?‟

  - Damit können Sie unmittelbar in eine Diskussion überleiten. „Und schon sind wir mitten in unserem Thema. Nämlich: ‚Macht Werbung dumm?‛ Lassen Sie uns zunächst …‟

Durch einen Vorspann dieser Art erlangen Sie das Wohlwollen der Zuhörer. In der Regel gelingt es Ihnen, in kürzester Zeit eine positive Atmosphäre zu schaffen.

Der Vorspann ist auch dann genial einzusetzen, wenn Sie sich noch etwas unsicher oder gar gehemmt fühlen.

Denn die Aufmerksamkeit Ihrer Zuhörer wird fast sofort von Ihnen weg auf den Vorspann gelenkt. Sie lassen sozusagen andere (oder etwas anderes) für Sie arbeiten.

Der kreative Beginn – Der Aufhänger

Mit einem Aufhänger wird eine Situation deutlich dargestellt. Erst nach dem Aufhänger werden die Zuhörer begrüßt und das ‚eigentliche‛ Seminar beziehungsweise Ihr Vortrag beginnt.

Starten Sie mit einem Aufhänger, der Aufmerksamkeit erregt, wie in den folgenden Beispielen gezeigt wird.

Rhetorische Frage

„Heute sprechen wir über die Essgewohnheiten der Europäer. Warum haben wir dieses Thema gewählt? Nun, meine Damen und Herren, erst einmal – Guten Tag, … Ich heiße … Unser heutiges Thema lautet … Gehen wir zunächst …‟

Überraschungsfrage

„Ist jemand unter Ihnen, der in Zukunft weniger Stress haben möchte?" Ganz gewiss wird sich der eine oder andere Teilnehmer melden. „Sie? … Sie auch? Nun, erst einmal einen schönen guten Tag. Ich heiße … und spreche heute über das Thema ‚Anti-Stress'."

Vergleich

„Eines Tages begegnete eine stabil und ausladend kräftig gebaute Dame einem stockbetrunkenen Mann. ‚Mein Gott, sind Sie aber betrunken, das ist ja eklig', rief die Dame aus. Der Betrunkene blieb stehen, schaute sich die Dame an und erwiderte: ‚Ich bin zwar betrunken – doch dafür sind Sie furchtbar fett! Aber Morgen bin <u>ich</u> wieder nüchtern!'" Je nach Zielgruppe mögen Ihre Zuhörer amüsiert oder auch betroffen reagieren. „Nun, meine Damen, meine Herren, doch zuerst: Einen guten Tag … Ich bin … und rede heute Abend mit Ihnen über das Thema ‚Alkoholismus bei Jugendlichen und Erwachsenen!'"

Anekdote

„Auf dem Sterbebett soll Johann Wolfgang von Goethe gesagt haben: ‚Mehr Licht'. Meinte er damit, dass er mehr Licht brauchte, weil es zu dunkel im Zimmer war? Oder wollte er in seinem Frankfurter Dialekt ausdrücken: ‚mer licht hier so schlecht', was frei übersetzt heißt: ‚man liegt hier so schlecht'?" Wahrscheinlich erfolgt ein amüsiertes Verhalten der Zuhörer. „Nun, meine Damen und Herren, bevor ich mit dem Thema ‚Goethe und sein Leben' beginne, lassen Sie mich Sie erst mal begrüßen. Mein Name ist …"

Zitat

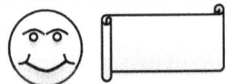

„Wir leben alle unter dem gleichen Himmel, aber wir haben nicht den gleichen Horizont, um Konrad Adenauer zu zitieren." Sicherlich werden sich die Zuhörer amüsiert zeigen. „Nun, erst mal einen guten Tag ... Mein Name ist ... Und unser heutiges Thema lautet: ‚Ist Intelligenz messbar?‘."

Wahre Begebenheit

„Als Martin Luther King am 28. August 1963 seine berühmte Rede ‚I have a dream‘ vor Tausenden von Menschen hielt, mögen ihm die heutigen Situationen bestenfalls als Visionen erschienen sein." Eventuell zustimmendes Kopfnicken der Zuhörer. „Bevor wir zu unserem Thema ‚Werden Visionen wahr?‘ kommen, darf ich Sie erst einmal herzlich willkommen heißen. Ich bin ..."

Persönlich Erlebtes

„Während der Fahrt mit der Eisenbahn hierher, konnte ich bei Folgendem Zeuge sein: Im Abteil mir schräg gegenüber saß eine ältere Frau Sie ärgerte sich offensichtlich über das Verhalten einiger junger Leute. Jene hatten ihre Musik ziemlich laut eingestellt und kommunizierten deswegen auch auf einem erhöhten Lautstärken-Level. Die Frau schüttelte den Kopf und murmelte: ‚Unmöglich, diese Jugend von heute!‘" Einige Ihrer Zuhörer werden verständnisvoll mit dem Kopf nicken, andere aber verständnislos den Kopf schütteln. „Ich frage Sie, meine lieben Zuhörerinnen und Zuhörer: Sind junge Menschen heute wirklich unhöflicher, als ältere Menschen in ihrer Jugend waren? Unser Thema heute lautet: ‚Umgangsformen im 21. Jahrhundert‘. Mein Name ist ... und ich heiße Sie zu unserem Thema herzlich willkommen."

Oder direkt in ‚die Vollen'?

„Wir stehen vor einer schwierigen Entscheidung." Die Zuhörer werden zuerst einmal geschockt, betroffen oder zweifelnd reagieren. „Ich danke Ihnen, dass Sie so schnell gekommen sind. Guten Abend, meine ... Ich heiße ... und muss mit Ihnen heute das folgende Problem lösen..."

Aber nicht so! Der schwache Start:

Der unseriöse Beginn

- „Ich bin (noch) gar nicht vorbereitet."
- „Ist schon alles gesagt."
- „Ich schließe mich meinem Vorredner an."
- „Ich kann nicht so gut vortragen."
- „Ich möchte ..."
- „Ich wollte Ihnen eigentlich heute ..."

Titel und Thema nennen

Während der Präsentation soll irgendwann der Titel genannt werden. „Irgendwann?" Es ist üblich, den Titel zu Beginn der Präsentation zu nennen. Aber das ist kein <u>Muss</u>.

Manche beginnen mit einem Aufhänger oder Aufreißer, um danach den Titel zu nennen. Es ist eher sinnvoll, den Titel ziemlich zu Beginn der Präsentation zu nennen, damit die Zuhörer wissen, was sie erwartet.

In seltenen Fällen kann das Nicht-Nennen des Titels erreichen, dass die Zuschauer sehr gespannt und aufmerksam lauschen, damit sie mitbekommen, worauf der Redner hinauswill.

Das Redeziel

Welches Ziel verfolgen Sie mit Ihrer Präsentation? Es wird unterteilt in drei große Ziel-Bereiche:

1. Kognitive Ziele zur Vermittlung von Wissen und Verstehen.

2. Affektive Ziele zur Vermittlung von Werten und Einstellungen.

3. Psychomotorische Ziele zur Vermittlung von Fertigkeiten.

Damit Ihre Zuhörer nicht nur mit dem Gedanken ‚es war nett' nach Hause gehen, machen Sie sich bewusst, welches Ziel Sie mit Ihrer Präsentation verfolgen.

Anregungen:

- Appell
  - o Der Zuhörer soll aktiv werden.
  - o „Wenn Sie das nächste Mal ein Konfliktgespräch führen, verwenden Sie Ich-Botschaften."
- Moral
  - o Der Zuhörer soll eine Moral erkennen.
  - o „Wer anderen eine Grube gräbt, fällt selbst hinein."
- Anregen zum Nachdenken
  - o Der Zuhörer soll nachdenken, in sich gehen, eine Gegebenheit aus einer anderen Sicht betrachten.
  - o „Ist das der richtige Weg, den unsere Gesellschaft wählt?"
- Informationsvermittlung
  - o Der Zuhörer soll nach der Präsentation mehr Information haben als zuvor.
  - o „Die Berliner Mauer wurde ab dem 13.08.1961 errichtet."
- Unterhaltung
  - o Der Zuhörer soll unterhalten werden, er soll Zerstreuung erfahren.
  - o „Ich erzähle jetzt mal eine Geschichte."

Rahmengeschichte – Die Präsentation in einen Rahmen packen

Wie gefällt Ihnen die Idee, Ihre Präsentation als Rahmengeschichte aufzubauen. Nehmen wir an, der Titel sei: ‚Marilyn Monroe'. Die Umsetzung kann auf drei originelle Möglichkeiten erfolgen:

A: über – die Person	B: in – der Person	C: um – die Person

Sie reden über Marilyn Monroe. Sie erscheint dabei in der ‚Dritten Person': „Als <u>sie</u> Kennedy traf, klopfte <u>ihr</u> Herz bis zum Halse."	Sie schlüpfen sozusagen in die Rolle Marilyn Monroes und reden in der ‚Ich-Form': „Als <u>ich</u> Kennedy traf, klopfte <u>mir</u> das Herz bis zum Halse."	„Marilyn machte sich auf den Weg, um an Kennedys Geburtstagsparty teilzunehmen. In wenigen Minuten würde sie dem mächtigsten Mann der USA gegenüberstehen. Und da sah sie ihn ...“ Wechseln Sie nun Ihren örtlichen (physischen) Standort (den Platz, an dem Sie gerade stehen) und Ihren psychischen Standpunkt (die Person, die Sie repräsentieren). Fahren Sie dann in der ‚Ich-Form' fort: „Als <u>ich</u> Kennedy traf, klopfte <u>mir</u> das Herz bis zum Halse." Wechseln Sie am Ende Ihrer Darstellung erneut Ihren Standort und fahren mit Ihrer Präsentation fort. ‚Es muss wohl einer der eindrucksvollsten Augenblicke Marilyn Monroes gewesen sein.'

Eine Präsentation in der 'Ich-Form' stellt einen Hergang plastischer, lebhafter dar. Die Zuhörer können dem Erzählten im Allgemeinen leichter und aufmerksamer folgen.

Und ein kleiner Nebeneffekt: In der 'Ich-Form' gibt es weniger den 'Zwang' das Unwort 'man' zu benutzen.

Struktur der Präsentation

Unter Redeteilen einer Präsentation wird verstanden: Einleitung, Hauptteil und Schluss. Aber wie Sie sehen werden, gehören noch einige andere Teile dazu. Eine Präsentation entspricht mehr oder weniger einem Verkaufsgespräch.

Und fast jedes Gespräch stellt ein Verkaufsgespräch dar.

Vergleichen Sie die Phasen eines typischen Verkaufsgesprächs mit den Phasen einer Präsentation:

Links das Verkaufsgespräch und rechts die Präsentation.

	Verkaufsgespräch	Präsentation
1	Vorbereitung	Vorbereitung
2	Begrüßung und Einstieg	Begrüßung und Einstieg
3	Aufmerksamkeit erreichen	Aufmerksamkeit erreichen
4	Interesse zeigen und wecken	Interesse wecken
5	Darbietung der Leistung	Darbietung der Leistung
6	Aktion, Vertragsabschluss	Appell
7	Abschluss des Gesprächs	Abschluss der Präsentation
8	Nachbereitung	Nachbereitung

Eine Präsentation ist ähnlich aufgebaut wie ein Verkaufsgespräch.

Zu Punkt 4

- Interesse wecken: „Das Thema ist für Sie wichtig, weil ..."
- Ziel nennen: „Ich werde Ihnen heute ..."

- Vorkenntnisse ermitteln: „Kennen Sie schon ...?"
- Bezug zur Praxis herstellen: „Das ist in Ihrem Arbeitsbereich ..."

Nachvollziehbarkeit durch die Struktur

Der erfahrene Präsentierende wird den Hauptteil der Präsentation strukturieren. Der Hauptteil besteht aus mehreren Blöcken, die hintereinander gesetzt werden.

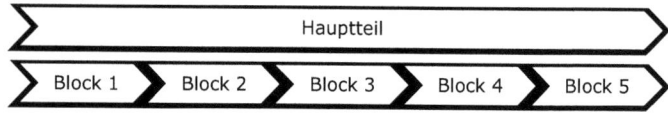

Jeder Block entspricht einer logischen Einheit. Das heißt, dass die im Block zu behandelnden Punkte zusammengehören.

- Block 1) Allgemeines über Dinosaurier
- Block 2) Fleisch fressende Dinosaurier
- Block 3) Pflanzen fressende Dinosaurier
- Block 4) Alles fressende Dinosaurier
- Block 5) Das Ende der Dinosaurier

Die richtige – logisch aufeinander aufbauende Reihenfolge der Blöcke – wird als Makro-Planung bezeichnet. Innerhalb eines jeden Blocks bauen die gegebenen Informationen auch wieder – logisch sinnvoll – aufeinander auf.

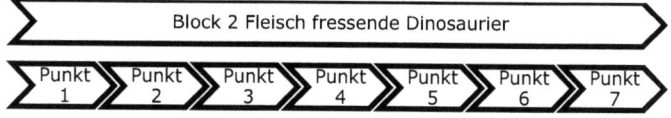

- Punkt 1: Fleisch fressende Dinosaurier
- Punkt 2: Vierbeinige Fleisch fressende Dinosaurier
- Punkt 3: Zweibeinige Fleisch fressende Dinosaurier
- Punkt 4: Fliegende Fleisch fressende Dinosaurier
- Punkt 5: Schwimmende Fleisch fressende Dinosaurier
- Punkt 6: Sonstige Fleisch fressende Dinosaurier
- Punkt 7: Zusammenfassung

Die Reihenfolge der Punkte innerhalb eines Blocks wird als Mikro-Planung bezeichnet.

Durch die Berücksichtigung der Mikro-Makro-Planung wird für den Zuhörer die Präsentation überschaubar und die Struktur erkennbar.

Gleichzeitig wird Spannung aufgebaut – der Zuhörer bleibt neugierig und gedanklich beim Thema.

Übrigens: Manche Trainer sind der Meinung, dass der Hauptteil etwa 80 bis 90 % der Präsentation ausmachen soll (Einleitung und Schluss jeweils 5 bis 10 %).

Spannung aufbauen

Durch eine richtige Struktur wird Aufmerksamkeit erzeugt. Neugierde und die innerlich gestellten Fragen des Teilnehmers ‚bin ich mal gespannt, wie's weitergeht' bauen deutlich Spannung auf.

Weitere Spannung kann erzeugt werden, wenn das Thema psychologisch geschickt bearbeitet wird.

Es wurde bereits darauf hingewiesen, dass der Titel – mit Fragezeichen versehen – das Ergebnis offenlässt.

Mit anderen Worten: Bis kurz vor Ende der Präsentation weiß der Zuhörer noch nicht unbedingt, welches Ergebnis erreicht werden soll.

Die verflixte 7

Bei aller Begeisterung des Dozenten und dem Wunsch, möglichst viele Informationen an die Teilnehmer weiterzugeben, heißt es, die Gedächtnisleistung des Zuhörers zu berücksichtigen.

Das Kurzzeitgedächtnis kann in der Regel fünf bis neun Informationen zur selben Materie speichern. Fünf bis neun ergeben den Durchschnitt von sieben.

Deshalb sollten in der Mikro-Planung nicht mehr als sieben Punkte aufgestellt werden.

Auch die Makro-Planung berücksichtigt dies: Nicht mehr als sieben Makro-Blöcke.

Durch entsprechende Unter-Strukturierung lässt sich die ‚sieben' erhöhen (vgl. oben das Beispiel Dinosaurier).

- Block 1
  - Punkt 1
  - Punkt 2
  - Punkt 3
    - Unterpunkt 3.1
    - Unterpunkt 3.2
    - Unterpunkt 3.3
  - Punkt 4
  - Punkt 5
- Block 2
  - Punkt 1
  - Punkt 2
    - Unterpunkt 2.1
    - Unterpunkt 2.2
  - Punkt 3
  - Punkt 4
    - Unterpunkt 4.1
    - Unterpunkt 4.2

usw.

Nummerierung

Rationell arbeitende Menschen können sich an einer nummerierten Struktur (erstens, zweitens, drittens, ...) sehr gut orientieren.

Vorsicht, wenn Sie einleitend bekanntgeben, dass „folgende fünf Themen" besprochen werden, in Ihrer Nummerierung aber nur vier oder aber sechs oder mehr Punkte aufgeführt sind.

Der Zuhörer reagiert dann meist irritiert („Es fehlt doch noch etwas?" oder „Ich dachte, wir wären schon am Ende!").

Die Struktur des Hauptteils

Offensichtlich scheint eine Struktur Sicherheit zu geben. Der Zuhörer weiß, woran er sich ‚festhalten' kann. Das gilt auch für den Sprecher. Also, nutzen Sie diesen Effekt. Strukturieren Sie nicht nur Ihre komplette Präsentation, sondern ganz besonders Ihren Hauptteil!

Eine logische Gliederung in der Struktur zielt auf einen nachvollziehbaren Sachverlauf. Und die psychologische Gliederung spricht die Gefühle der Zuhörer an.

Vorgehen im Hauptteil?

So kann vorgegangen werden:

- Vom Detail zum Ganzen
- Vom Ganzen zum Detail
- Vom Allgemeinen zum Besonderen
- Zielsetzung – Planung – Durchführung
- Ursache – Wirkung – Lösung
- Ist – Soll – Analyse
- Problem (Herausforderung) – Ursache – Lösungswege

Betrachten Sie folgende Möglichkeiten eine Präsentation zu strukturieren.

Zeitachse

Sehr gerne wird im Hauptteil vieler Reden und Präsentationen die Zeitachse benutzt.

- gestern – heute – morgen
- Vergangenheit – Gegenwart – Zukunft
- Großvater – Vater – Sohn

Eine Drei-Teilung ist sowieso schon gefällig. Und es ist für viele nachvollziehbar, wenn der Hauptteil begonnen wird mit: „Damals ..." und der Ursprungsgedanke, der Beginn, die Vision, die Gründung, die Zielsetzung oder anderes beschrieben wird.

Für viele wird dadurch die Frage nach dem ‚Warum', ‚Woher', oder ‚Wieso' beantwortet.

Wechseln Sie dann in die Gegenwart: „Heute stellt sich die Situation so dar ..." und schildern Sie den Ist-Zustand.

Der Zuhörer versteht, unter welchem Aspekt der augenblickliche Stand zu sehen ist.

Und schließlich fehlt die dritte Komponente, nämlich das Morgen: „Wie sieht die Zukunft aus …?" Es wird der Soll-Zustand beschrieben. Für die Zuhörer wird erkenntlich, ‚was', ‚wie' oder ‚wann' etwas geschehen soll.

Beweisführung

Hier wird in fünf Blöcken gearbeitet:

- Schlüsselgedanke
  - o Stellen Sie einen Schlüsselgedanken dar.
- Erläuterung
  - o Erläutern beziehungsweise erklären Sie den Schlüsselgedanken.
- Beispiel
  - o Geben Sie mindestens ein Beispiel zu Ihrem Schlüsselgedanken. Die Beispiele sollen einleuchtend sein und optimal mit den Bedürfnissen Ihrer Zielgruppe übereinstimmen.
- Folgerung
  - o Ziehen Sie Ihre Folgerungen aus der Beispielführung.
- Beweis
  - o Beweisen Sie durch Ihre Folgerung, dass Ihr Schlüsselgedanke stimmt.

These & Co.

Stellen Sie eine Behauptung auf: ‚These' und erläutern Sie diese These und Ihre Überlegungen dazu. Im zweiten Block stellen Sie die dazu passende Gegenbehauptung – Antithese – auf. Beleuchten Sie auch ausführlich die Antithese.

Enden Sie schließlich mit der Synthese (Zusammenfügung beziehungsweise Zusammenfassen der sich widersprechenden These und Antithese zu einem [neuen] Ganzen). Legen Sie hier Ihre Schlussfolgerung dar.

Übrigens: Aus zwei Synthesen können wieder These und Antithese entstehen. Und eine neue Runde ist eingeläutet.

Pro & Contra

Splitten Sie Ihren Hauptteil in zwei Bereiche. In den Bereich ‚Pro' und in den Bereich ‚Contra'.

Beleuchten Sie alle ‚Pros' und dann alle ‚Contras'. Entscheiden Sie sich gegebenenfalls am Ende Ihrer Präsentation für ‚Pro' oder für ‚Contra' oder überlassen Sie die Entscheidung Ihren Zuhörern.

Jeder soll, beispielsweise still und individuell, also für sich allein oder offen abstimmen.

Tipp: Käme es Ihnen zustatten, wenn die Zuhörer eher für ‚Pro' als für ‚Contra' stimmten, dann sollte der Bereich ‚Pro' an zweiter Stelle des Hauptteils stehen.

Der Grund: Das zuletzt Genannte bleibt dem Zuhörer länger im Gedächtnis.

Vor- und Nachteil

Gehen Sie hier genauso vor wie bei Pro & Contra (siehe oben). Zählen Sie alle Vorteile und dann alle Nachteile auf.

Auch hier gilt wieder: die zweite Variante sollte die von Ihnen favorisierte sein.

Zeitumfang und Reserve

In Ihrer Planung legen Sie einen bestimmten Zeitumfang für Ihre Präsentation fest. Oder Ihr Auftraggeber gibt Ihnen einen Zeitrahmen vor. Zum Beispiel:

Zeit	Art	wo zu finden – zum Beispiel
1 min	eigene Präsentation	in einem Assessment-Center, wenn der Kandidat aufgefordert wird, sich zu präsentieren
4 min	Überzeugungsrede	in einem Verkaufsgespräch, aber auch als Bewerbungsgespräch bei einem möglichen zukünftigen Arbeitgeber
2 min	Interview	im Fernsehen
10 min	Tischrede	hier wird das ‚offizielle' Protokoll vorgegeben, wie lange die Tischrede sein darf
20 min	Rede	möglicherweise wird ein Auftraggeber die Zeitdauer vorgeben
45 min	Präsentation, Vortrag	vorgegeben durch Auftraggeber oder Kunde
> ½ Tag	Seminar, Präsentation	vorgegeben durch Auftraggeber oder Kunde

Selbst wenn Sie zuvor Ihre Präsentation zu Hause üben und dabei darauf achten, dass Sie den Zeitrahmen einhalten, sieht die Praxis häufig anders aus:

- Ihr Vorredner überzieht, dadurch bleibt Ihnen weniger Zeit.

- Ihre Nervosität lässt Sie deutlich schneller reden als geplant. Sie sind früher ‚fertig'.

- Sie ‚vergessen' einen Inhaltspunkt und sind vorzeitig fertig.

- Sie verzetteln sich und müssen gegebenenfalls abbrechen.

- Es tritt eine Störung ein.

Für all diese Aufzählungen gilt – Ihr Zeitplan würde hinfällig. Deshalb ist es sinnvoll, wenn Sie sich

a) bei Zeitüberfluss

- einen Reserveblock bereit halten, und

b) bei Zeitknappheit

- einen Pufferblock einplanen.

Zu a) Sie haben noch Zeit übrig. Hören Sie vor der geplanten beziehungsweise vereinbarten Zeit auf, haben Ihre Zuhörer oder Ihr Auftraggeber möglicherweise das Gefühl, für eine nicht erbrachte Leistung zu zahlen.

Damit dieser Eindruck nicht entsteht, fügen Sie den Reserveblock ein. Dieser Reserveblock vertieft das Thema oder gibt weitere Beispiele. Möglicherweise kann der Reserveblock das Thema ergänzen.

Aber Achtung: Auch ohne Reserveblock muss das Thema vollständig abgearbeitet sein! Dem Zuhörer soll nicht auffallen, dass Sie einen Reserveblock einfügten.

Zu b) Der Pufferblock ist als Element anzusehen, das bei Zeitmangel – ohne Verlust eines Themenbereichs – weglassen werden kann. Auch ohne Pufferblock ist das Thema umfassend abgehandelt.

Im Pufferblock sind daher keine grundlegenden Informationen enthalten, die zum Verständnis des kompletten Themas erforderlich wären. Durch das Weglassen des Pufferblocks wird der Lerneffekt nicht gemindert.

Der Zuhörer soll nicht merken, dass ein Teil weggelassen wurde.

Welchen Block Sie auch benutzen, für den Zuschauer beziehungsweise Zuhörer soll Ihre Präsentation immer umfangreich und komplett erscheinen. Weder darf er den Eindruck erhalten, dass ihm etwas vorenthalten, noch dass er mit Unwichtigem ‚belästigt' wird.

Das Präsentations-Ende

Nach geglückter Durchführung des Hauptteils begeben wir uns nun zum letzten Teil der Präsentation: dem Schlussteil.

Es wäre sehr schade – und würde Ihre Arbeit auch abwerten – wenn Sie mit „Das war's" aufhörten.

Im Schlussteil erfolgt eine kurze Zusammenfassung Ihrer Präsentation. Der Teilnehmer erinnert sich an einzelne Punkte Ihrer Präsentation. Durch die Zusammenfassung erhält er einen Überblick – sozusagen im Schnelldurchlauf.

Damit die Erinnerungen beim Teilnehmer richtig aufgerufen werden, empfiehlt sich die Zusammenfassung in chronologischer (zeitlicher) Reihenfolge.

Jetzt könnte der Teilnehmer nach Hause gehen. Er wurde (hoffentlich) um einige Informationen bereichert.

Um den Teilnehmern noch mehr Nutzen der Präsentation zu vermitteln, können Sie im Schlussteil einen oder mehrere der im Absatz ‚Redeziel' empfohlenen Wege einsetzen. Zum Beispiel:

- Ergebnis darstellen (zusammenfassen)
- Moral aufzeigen
- Zum Appell auffordern
- (Zukunfts-)Vision ausmalen

Ergebnis darstellen

Zu ‚irgendeinem' Ergebnis sollten Sie in Ihrer Präsentation gelangt sein. Und damit der Teilnehmer dieses Ergebnis wahrnimmt, stellen Sie es deutlich dar.

Gerade dann, wenn Ihre Struktur auf ‚Pro & Contra' oder ‚These – Antithese – Synthese' oder Ähnlichem aufbaut, muss ein Ergebnis fast zwingend vorliegen.

Auch wenn Ihr Titel mit einem Fragezeichen versehen ist, soll es in Ihrer Präsentation zu einer Antwort oder wenigstens zu einem Ergebnis kommen.

Da eine eindeutige Antwort, nach dem heutigen Stand des Wissens, manchmal nicht möglich ist („Warum starben die Dinosaurier aus?"), können Sie trotzdem zu einem Ergebnis kommen. „Das Ergebnis ist, dass ... noch nichts bewiesen werden kann."

Auch in Verhandlungen kann es zu einem Ergebnis kommen, selbst wenn keine Einigung erzielt wurde. Sagen die US-Amerikaner nicht gerne „I agree that we don't agree."? Was wir so übersetzen können: „Ich stimme damit überein, dass wir nicht übereinstimmen!"

Und siehe da, da <u>beide</u> nicht zustimmen und dieser Nicht-Zustimmung zustimmen, stimmen sie beide miteinander überein. So können die Vertragspartner harmonisch und freundlich auseinandergehen. Das ist echte Diplomatie.

Moral

„Und die Moral von der Geschicht' …"

Wie viele Märchen und Erzählungen enden mit einer Moral? Spielerisch wurden dem Zuhörer Zusammenhänge dargestellt. Und er lernt etwas. Er lernt, dass

- „es sich nicht lohnt, wenn …"

- „es sich lohnt, wenn …"

- „auch ‚kleine' Mitarbeiter/innen, ‚scheinbar' Schwache und andere bei entsprechender Vorgehensweise Außenseiter/innen gewinnen können."

- „auch in anscheinend ausweglose Situation oder bei fast verlorenem ‚Spiel' noch gewonnen werden kann."

- „es zu jeder Herausforderung, zu jedem Problem, auch Lösungswege gibt."

Zum Appell auffordern

„Ich, als Einzelner, kann da ja sowieso nichts ändern", jammert so mancher Zeitgenosse. Klagen oder jammern bringt in der Regel auch nicht den erwarteten Erfolg. Der Betroffene muss schon selbst aktiv werden, um dem Erfolg die Möglichkeit zu bieten, ihn zu ‚streicheln'.

Manchmal fehlt nur jemand, der dem Betroffenen einen kleinen Tritt in den Allerwertesten versetzt. Sie, als präsentierende Person, können das tun. Selbstverständlich nur virtuell.

Fordern Sie Ihre Zuhörer auf, aktiv zu werden, nach Toyotas Werbeslogan: „Nichts ist unmöglich."

So.   Oder so.

Feedback

Und nun sind Sie endlich am Ende Ihrer Präsentation ange-
langt. Ganz am Ende? Manche Präsentierende nutzen hier
die Chance, sich von ihren Zuhörern ein Feedback geben zu
lassen. Feedback =

- 1. die Beobachtung (Wahrnehmung) Ich-bezogen äußern

- 2. auf Wunsch Ich-bezogen interpretieren

Umkehrbarkeit des Sprechens

- Ich-Botschaften sind reversibel (umkehrbar)

  o „Ich empfinde …"

- Sogenannte Schuldzuweisungen sind nicht-reversibel,
  wenn zum Beispiel ein Vorgesetzter zum Mitarbeiter
  sagt:

  o „Das haben Sie schlecht gemacht."

Um möglichst wenig Aggression entstehen zu lassen, soll
das Feedback reversibel geäußert werden. Aber nicht jede/r
Teilnehmer/in ist in diese Richtung trainiert.

Deshalb gilt: Was immer und wie auch immer sich die Teilnehmer im Feedback äußern. Es gilt, was gesagt wird! Der
Präsentierende nimmt nicht weiter Stellung zu den Feed-
back-Aussagen.

Er beginnt auch nicht, sich gar zu rechtfertigen. Das Feedback wird kommentarlos entgegengenommen.

Es ist eine Sache der Höflichkeit, dass der Präsentierende sich mit einem „Danke" für das Feedback verbunden zeigt.

Auch wenn Ihnen einige Feedback-Passagen (negativ) kritisch erscheinen, sollten und dürfen Sie nicht böse werden. Feedback ist immer wertvoll für Sie, erfahren Sie doch, was Teilnehmer von Ihrer Art zu präsentieren halten. Durch die Rückmeldungen können Sie weiter an Ihren Präsentationen arbeiten und Ihre Vorgehensweise verbessern.

Feedback kann auch in schriftlicher Form – zum Beispiel mithilfe eines Bewertungsbogens – erteilt werden. Für den Präsentierenden ist es hilfreich zu wissen, was die Gesprächsteilnehmer <u>wirklich</u> empfunden haben.

Deshalb soll der Feedback-Bogen möglichst anonym ausgefüllt werden können. Feedback ist für die Weiterentwicklung des Präsentierenden wichtig. Und daran denken: Feedback neutral entgegennehmen!

Vergessen Sie nicht, dass jeder Zuhörer beziehungsweise Teilnehmer:

- das Recht auf eigene Meinung hat,

- diese eigene Meinung vertreten darf,

- jede Situation aus eigenem Blickwinkel sieht,

- und eigene Bedürfnisse zu befriedigen sucht.

Diskussion

Wenn die Zeit eingeplant ist, können Sie am Ende Ihrer Präsentation in eine ‚Frage- und Antwortrunde' oder auch in eine ‚Diskussionsrunde' übergehen. Eine solche Runde bietet die beste Möglichkeit, Ungeklärtes zu klären beziehungsweise klären zu lassen

Es ist Ihre Entscheidung, ob diese Runde noch als Teil Ihrer Präsentation gelten soll. Einige Präsentierende schließen deshalb die eigentliche Präsentation ab mit: „Ich danke Ihnen für Ihre Aufmerksamkeit. Zu Fragen stehe ich Ihnen selbstverständlich im Anschluss an meine Präsentation gerne zur Verfügung."

Ganz elegant haben Sie auf diese Weise Ihre Präsentation abgeschlossen.

Verabschiedung und Schluss

Ob die Präsentation vor oder nach einem Feedback oder einer Fragerunde zu Ende ist, der Präsentierende verabschiedet sich in jedem Fall von seinen Teilnehmern.

Wenn ernsthaft gemeint, aber psychologisch dennoch geschickt eingesetzt, wird den Teilnehmern für ihre Teilnahme gedankt.

Der Autor bevorzugt gerne eine Verabschiedung in dieser Art:

„Liebe Teilnehmerinnen, liebe Teilnehmer, ich danke Ihnen, dass Sie während des Seminars konstruktiv und aktiv mitgearbeitet haben. Ich freue mich (und er freut sich wirklich und tatsächlich, Anm. des Autors), dass Sie sich die Zeit nahmen, die Energie aufbrachten und die Mühe machten, heute hierher zu kommen. Ich wünsche Ihnen (und er meint es ehrlich, Anm. des Autors) einen guten und unfallfreien Weg nach Hause. Vielleicht treffen wir uns zu einer anderen Zeit an einem anderen Ort wieder. Besten Dank und auf Wiedersehen."

Nachbereitung

Auch nach Ende der Präsentation oder des Seminars ist noch nicht Schluss mit der Arbeit.

Eine Nachbereitung erfolgt, damit für spätere Präsentationen Fehler oder Unebenheiten ausgeglichen werden können.

Gehen Sie in Ruhe alle Rückmeldungen und Feedback-Bögen beziehungsweise Anstöße durch und halten Sie fest, was Sie in Zukunft verbessern können.

Teil 2 – Interaktion und Kommunikation mit dem Zuhörer

Basis für die Empathie

Was erwartet Ihr Publikum?

Nachdem nun klar ist, wie eine Rede, ein Vortrag oder eine Präsentation aufgebaut ist, widmen wir uns im Folgenden der Bedeutung des zwischenmenschlichen Umgangs zwischen Zuhörer und Redner.

Was haben Sie als Rednerin/Redner davon, wenn Ihre Präsentation 1A gehalten war – aber nur Ihrer Meinung nach?

Nein, der Zuhörer muss ‚abgeholt' werden (Was erwartet er? Weshalb ist er anwesend?), eingebunden werden (Welche Erfahrungen hat er?), empathisch verstanden werden (Welche Ängste oder Wünsche hat er?) und überzeugt werden (Was kann er mit dem Vermittelten anfangen?).

Informieren Sie sich vorab über Ihre Zielgruppe. Unterfordern Sie sie nicht, wohingegen eine Überforderung auf Dauer ebenso hemmend sein kann.

Der Rhetorik-Profi vermeidet Belehrungen und spricht so, dass er verstanden werden kann; deutlich und verständlich, in und mit der Sprache des Zuhörers und auf dem Niveau des sprachlichen Verständnisses des Gegenübers.

Überschaubare Statistiken können begleitend und das Gesagte unterstreichend eingesetzt werden.

Weitestgehend selbsterklärende Folien werden – wenn überhaupt – zurückhaltend und gezielt verwendet, wobei auf sehr gute Lesbarkeit und eine nicht überfrachtete Gestaltung Wert gelegt wird.

Machen Sie sich bewusst, dass die Kommunikation mit und zu den Teilnehmern beziehungsweise Zuhörern deutlich ausschlaggebend für Ihren Präsentations–Erfolg ist.

Was A sagt und B versteht

Ständige gegenseitige Beeinflussung

Gesprächspartner in einem Dialog oder in einer Gesprächsrunde beeinflussen sich gegenseitig. Sie beeinflussen auch
den Gesprächsleiter, so wie dieser die Gesprächsteilnehmer
ständig beeinflusst. Deshalb ist es sinnvoll, sich schon im
Vorfeld mit seinen Gesprächspartnern gedanklich auseinan-
derzusetzen. Das gilt besonders dann, wenn Sie die Rolle
der Gesprächsführung übernehmen, also die Rolle des Mo-
derators oder der Moderatorin beziehungsweise die des Trai-
ners oder des Coaches einnehmen.

Die Grundhaltung des Präsentierenden

Die Grundhaltung des Redners zu seinen Gesprächspartnern
beeinflusst demnach den Ablauf der Gesprächsrunde sehr
stark. Erscheint Ihre Grundhaltung als überheblich, arro-
gant, ängstlich, unterwürfig usw., werden die Gesprächspartner entsprechend reagieren. Die korrekte Grundhaltung
ist ‚selbstbewusst‘ und ‚gleichberechtigt‘ allen Teilnehmern
gegenüber. Egal ob ein Arbeitsloser oder ein Professor die
Rolle des Gesprächspartners übernimmt, für den Moderator
sind sie alle ‚gleich viel wert‘.

Wechselwirkung untereinander

„Wie wir in den Wald hineinrufen, so schallt es heraus!" Was
ist damit gemeint? Manche Redner begehen den Fehler, ihre
Gesprächspartner ‚nur‘ als laufende Nummern, als aus-
tauschbare Einheiten zu sehen. Darin liegt eine große Gefahr. Der Gesprächspartner ist sensibel. Er spürt genau, wie
mit ihm umgegangen wird. Entsprechend wird er mit dem
Moderator umgehen. Sieht der Moderator den Gesprächspartner ‚nur als Berufsschüler‘, wird dieser den Moderator
‚nur als ‚besserwissenden‘ ‚Be-lehrer‘ sehen. Das scheint
nicht gerade der fruchtbare Boden für eine gute Zusammen-
arbeit zu sein.

Deshalb der Appell an alle Moderatoren, Gesprächsleiter und
Präsentierende:

„Sehen Sie Ihre Teilnehmer als interessante menschliche In-
dividuen, die die Energie aufbringen, mit Ihnen zusammen
einen Teil ihres Lebens zu verbringen und am Ende der Gesprächsrunde mit neuen Erkenntnissen nach Hause gehen."

Bedürfnisse der Zuhörer

Jeder Mensch hat Bedürfnisse, also auch der Gesprächspartner. Nach Abraham Harold Maslow (US-Psychologe 1908 – 1970) hat der Mensch unten aufgelistete Bedürfnisse (vereinfachte Darstellung).

Der Mensch hat Motive und Bedürfnisse. Durch die Befriedigung der Bedürfnisse wird er motiviert. Nach Maslow hat die Motivation einen dilatorischen (aufschiebenden) Charakter. Erst wenn fundamentale Bedürfnisse befriedigt sind, kommt ein nächsthöheres Bedürfnis ins Blickfeld. Die Bedürfnisse bauen in 5 Stufen aufeinander auf, wobei zuerst die unterste Stufe 1, dann Stufe 2 und so fort befriedigt werden muss. Hier die Darstellung in der Maslow-Pyramide.

1. Stufe (unterste Stufe): Physische Bedürfnisse/Physiologische Bedürfnisse

Dazu gehören: Essen, Trinken, Schlaf, Bewegung, Selbsterhaltung, Sexualität, Wärme.

2. Stufe: Sicherheits-Bedürfnisse

Dazu gehören: Materielle Sicherheit, Sicherheit des Existenzminimums, allgemeines Schutzbedürfnis, Altersvorsorge, Versicherung, Bedürfnis nach stabilen Verhältnissen, Liebe oder Zuneigung im Sinne der Geborgenheit.

3. Stufe: Liebes-Bedürfnisse, Soziale Bedürfnisse

Dazu gehören: Zugehörigkeit zu einer sozialen Gruppe oder Gesellschaft, Freundeskreis, Verein, Bekanntschaften, Gesellung, Liebe oder Zuneigung im Sinne der Zuwendung.

4. Stufe: Wertschät-
zungs-Bedürfnisse, Ich-
bezogene Bedürfnisse

Dazu gehören: Bedürfnisse nach dem eigenen Ich, Aner-
kennung durch andere, Status, Macht, Achtung durch andere, Selbstachtung, Selbstvertrauen, Geltungsbedürfnis.

5. Stufe (oberste Stufe): Bedürfnisse nach Selbstverwirklichung

Dazu gehören: Bedürfnisse nach dem inneren Ich, volle
Entfaltung, volle Selbstverwirklichung, Zurückgezogen-
heit, volle Verwirklichung der eigenen Möglichkeiten.

In der 5. Stufe findet sich möglicherweise auch der sogenannte Flow Effekt, ein blitzartiger Augenblick intensiven Lebens. (Nach dem Kroaten Mihaly Csikszentmihalyi [sprich:
Tschik-zent-mihai], Happyologe, *1934)

Menschliche Bedürfnisse

Beispiel zur Berücksichtigung der Bedürfnisse:

Ein Zuhörer kann müde werden und das Bedürfnis nach
Schlaf haben. Vielleicht hat er auch Hunger und das Bedürfnis nach Nahrungsaufnahme.

In beiden Fällen wird es dem Zuhörer schwerfallen, sich auf
die Gesprächssituation zu konzentrieren. Da die Bedürfnisse
der Zuhörer schwerer wiegen als der Wunsch zuzuhören,
werden die Zuhörer unaufmerksam, ja, sie werden gegebenenfalls den Vortragenden/Präsentierenden sogar stören.

Deshalb sollte sich der Redner überlegen, welche Bedürfnisse der Zuhörer haben könnte und dem Teilnehmer recht-
zeitig die Möglichkeit bieten, seine Bedürfnisse zu befriedigen.

Konkret heißt das zum Beispiel:

- entsprechende Pausenplanung
- Raumgestaltung (Luft, Licht, Sitzordnung usw.)
- Organisatorisches (wo sind Waschräume, Toiletten, wo kann geraucht werden, wie sind die Spielregeln?)

Mit packendem Titel potentielles Interesse wecken

Was nutzt ein hoch interessantes Thema, wenn niemand weiß, dass es behandelt wird? Was nutzt eine mitreißende Präsentation, wenn keine Zuhörer anwesend sind? Also muss das Thema so verpackt sein, dass Neugierde beim Teilnehmer geweckt wird.

Zum Beispiel:

- Alleinerziehend und berufstätig – wie geht das?
- Kennen Sie Ihre Rechte? – Arbeitsrecht für Arbeitnehmer/innen.
- Mit Pubertierenden leben – Krise oder Chance?
- Der Erste Eindruck – Überzeugen in den ersten 7 Sekunden. Aber wie?
- The Winner – Strategien für mehr Selbstbewusstsein.
- Kinder brauchen Grenzen – aber welche?

Titel mit Fragezeichen?

Welcher Titel mag einen Interessierten mehr ansprechen und hört sich seriöser an?

- ‚Frauen sind intelligenter' oder ‚Sind Frauen intelligenter?'
- ‚Bananen essen macht schlank' oder ‚Macht Bananen essen schlank?'

Ist der Titel bereits eine Aussage, hat sich der Präsentierende auf das Ergebnis fixiert. Das heißt, dass der Zuhörer vor Beginn des Vortrages oder der Präsentation bereits weiß, wie das Ergebnis sein wird. Demnach ist die Spannung, die der Teilnehmer mitbringt, eher gering ausgeprägt. Wird der Titel hingehen als Frage – einfach so in den Raum geworfen, dann kann der Teilnehmer das Ergebnis nicht schon zu Beginn wissen.

- Wird der Mensch in Zukunft unsterblich sein?

Ein solcher Titel baut ganz sicher Neugierde und/oder Spannung auf. Der Teilnehmer ist interessiert und fragt sich möglicherweise:

- „Na, mal sehen, welche wissenschaftlichen Erkenntnisse vorliegen."

- „Das hätte ich aber gerne gewusst."

- „Kann ich mir nicht vorstellen. Oder wird es vielleicht doch möglich sein?"

Titel mit Ausrufezeichen!

- ‚Schule macht dumm!' oder ‚Die Deutschen sind zu dick!'

Auch mit solchen – allerdings provozierenden – Titeln kann Aufmerksamkeit erregt werden. Titel mit Ausrufezeichen sorgen allerdings gerne entweder für:

- aufkeimende Aggressionen
  - o Zum Beispiel bei Lehrern: „Die spinnen wohl, so was zu behaupten."
  - o Zum Beispiel bei dicken Menschen: „Da geh' ich schon gar nicht hin – ich will mich ja nicht blamieren."

oder für

- aufflackernde Schadenfreude
  - o Zum Beispiel bei Schulsystemgegnern: „Das hab' ich ja schon immer gesagt."
  - o Zum Beispiel bei schlanken Menschen: „Gut, dass es mich nicht betrifft."

Wenn das Ziel der Präsentation eine folgende Diskussion mit deutlich verschieden ausgerichteten Meinungen sein soll, dann mag ein Titel mit Ausrufezeichen angebracht sein.

Der Titel muss dem Inhalt entsprechen

Die Teilnehmer werden ungeduldig, wenn sie feststellen, dass ihre in das Thema gesetzten Erwartungen nicht erfüllt werden.

Das Seminar mit dem Titel

- 10 Tipps zum Glücklich werden

  o entpuppt sich als reine Verkaufsshow für DVDs, CDs und Bücher.

- 10 aktuelle Steuertipps

  o zeigt längst überholte Tipps auf, die teilweise nicht mehr umsetzbar sind.

- Eine Reise durch Thailand

  o bearbeitet zu 75 % der Vortragszeit das Leben der buddhistischen Mönche.

Es hat kaum jemand etwas gegen reißerische Titel einzuwenden.

Die Erwartung der Teilnehmer aufgrund der Titelwahl muss aber erfüllt werden. Eine Mogelpackung wird nur einmal gekauft.

Selbes Thema – anderer Titel

Manchmal lässt sich ein Thema nicht gut vermarkten. Nur Wenige zeigen Interesse.

Liegt es an den Seminarkosten, am Ort der Präsentation, am Zeitpunkt?

Hilft vielleicht eine Auffrischung des Titels, einen entsprechenden Zulauf zu erreichen?

- ‚Gleichberechtigung zwischen Mann und Frau' oder vielleicht doch ‚Die Frau schlägt zurück: Gleichberechtigung zwischen Mann und Frau?'

- ‚Geschäfte mit dem Internet' oder ‚Business im Inter.net!' Oder vielleicht noch besser ‚Business@Inter.net!'

Ist Sprachengemisch erlaubt?

Immer wieder tauchen Anglizismen (englische Spracheigentümlichkeiten) in der deutschen Sprache auf.

Je nach Zielgruppe darf – oder muss – der Titel in einer anderen Sprache bevorzugt werden. Im Sinne der Verkaufsförderung.

Eine junge, dynamische Zielgruppe wird auf andere Titel ansprechen als ein zurückgezogen lebender Senior. Bereits durch den Titel lässt sich die Zielgruppe beeinflussen.

- Fit for future
- Ausgewogenheit im Alter
- Wellness für die Frau ab 50

Nichtssagende Titel

Anders als bei Film und Musik, bringen nichtssagende Titel bei Seminaren und Vorträgen zwar eventuell Aufmerksamkeit: Fehlende Inhaltsbeschreibung verleitet aber wohl kaum zur Kaufentscheidung.

- ‚R'
- ‚Das Loch'
- ‚23²'

Also – hiervon lieber Hände weg!

Welches Ziel der Redner verfolgt

In der Regel versucht der Redner seinen Zuhörern etwas zu ‚verkaufen'. Es hört sich ‚nett' an zu sagen, er wolle seine Zuhörer überzeugen.

- Den Verkauf eines Artikels

    o Zum Beispiel einen Staubsauger.

- Den Verkauf einer Dienstleistung

    o Zum Beispiel die Erstellung einer Rede.

- Den Verkauf einer Idee

    o Zum Beispiel an den Vorgesetzten.

- Den Verkauf der eigenen Arbeitskraft

    o Zum Beispiel im Vorstellungsgespräch.

In den meisten Gesprächen wird versucht, den anderen zu überzeugen. Überlegen Sie sich vor Beginn Ihrer Veranstaltung, weshalb Sie überhaupt zu Ihren Zuhörern reden wollen.

Legen Sie das Ziel des Gesprächs im Voraus fest. („Was will ich erreichen?")

Sinnvolle Gestaltung des Redeinhalts

Wie soll der Redeinhalt sinnvoll gestaltet werden? Trainierte Redner gehen so vor, wie auch Sie Ihre Reden halten könnten:

- Sie bleiben sachlich und fachlich richtig.

- Sie wählen eine klare Sprache und lassen eine klare Struktur erkennen.

- Sie stellen anschaulich, das bedeutet bildhaft dar.

- Sie bauen Spannung auf.

- Sie bauen eine Spannungskurve auf und beachten die Mikro-Makroplanung.

- Sie wiederholen den Grundgedanken, damit der Zuhörer hin und wieder daran erinnert wird, weshalb er überhaupt der Rede lauscht.

- Sie bringen Überraschung ein.

- Sie präsentieren abwechslungsreich. 20 Minuten Aufmerksamkeit – zum selben Thema – gilt als Maximum für Zuhörer.

- Sie nehmen eine zeitliche Beschränkung vor. 15 Minuten spannender Inhalt bringen mehr als 30 Minuten träges Vortragen.

- Sie sind positiv und humorvoll gestimmt.

- Sie sind hin und wieder witzig und ironisch, allerdings ohne jemandem weh zu tun oder Tabus zu verletzen.

- Sie achten darauf, dass das Vermittelte der Wahrheit und den Tatsachen entspricht.

- Sie bauen gegebenenfalls auf Moral oder Appell hin auf.

- Sie präsentieren zielorientiert.

- Sie sind authentisch.

- Sie sind sich selbst treu und ehrlich.

Gefühle extrem einbringen

Hier eine kleine Auswahl, wie Sie in Präsentationen oder Dialogen übertrieben Gefühle einbringen können:

- Sie schmeicheln sich bei Zuhörern ein (Comprobatio).

- Sie kündigen drohende zukünftige Ereignisse an (Diabole).

- Sie äußern sich verachtend zu Argumenten des Gegenübers (Diasyrmus).

- Sie tätigen einen emotionalen Ausruf (Ekphonesis).

- Sie verspotten den Gesprächspartner deutlich durch übertriebene Nachahmung seiner Art und Weise zu sprechen (Hypokrisis).

- Sie jammern und klagen über selbst erlittene Verletzung (Mempsis).

- Sie rufen erstaunt aus (Thaumasus).

- Sie äußern Abscheu.

Interaktion

Umgang mit passiven Zuhörern

Wir haben gelernt: Bereits nach etwa 20 Minuten lässt beim
Zuhörer die Aufmerksamkeit deutlich nach. Sind für die Präsentation mehr als 20 Minuten angesetzt, muss der Präsentierende dafür sorgen, möglichst abwechslungsreich zu handeln. Zum Beispiel so:

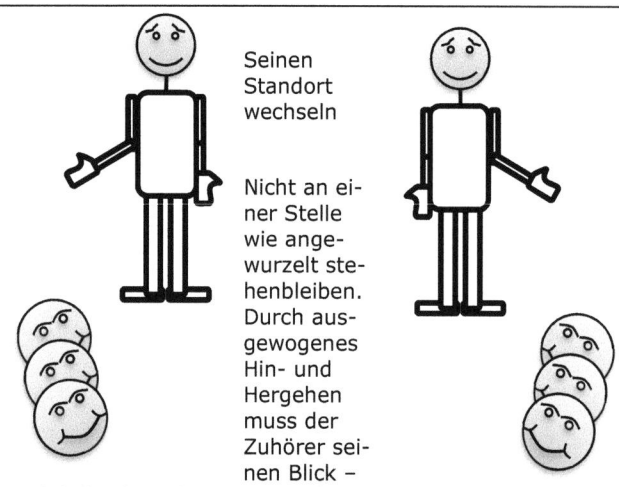

Seinen
Standort
wechseln

Nicht an ei-
ner Stelle
wie ange-
wurzelt ste-
henbleiben.
Durch aus-
gewogenes
Hin- und
Hergehen
muss der
Zuhörer sei-
nen Blick –

und dadurch auch seinen Kopf – immer wieder in eine andere Richtung lenken. Das ist gut für seine Gehirnarbeit, da
er immer wieder ein verändertes Bild wahrnimmt.

Nicht angebracht ist es, wenn
der Präsentierende zwei Stun-
den lang hinter seinem Pult
‚klebt'. Das Hin- und Hergehen
soll ausgewogen sein, um ner-
vös machende ‚Überaktivität' zu
vermeiden.

Manche Präsentierende gehen hin und wieder kurzfristig zwischen ihr Publikum.

Einsatz von Aufmerksamkeit erregenden Gesten

Sprechen Sie mit der Sprache Ihres Körpers. Benutzen Sie Ihren Körper. Zeigen Sie, dass Sie ‚leben' und dass Ihr Thema ‚lebendig' und interessant ist.

Einsatz von Medien

Dadurch wird eine gesteigerte Aufmerksamkeit der Zuhörer erreicht.

Abwechslung

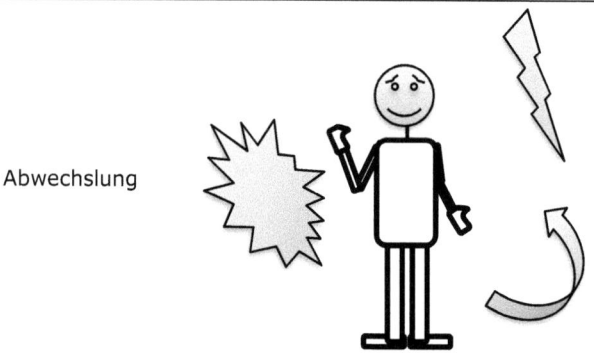

Das Interesse wird geweckt und dadurch die Aufmerksamkeit gesteigert.

Ansprechen

Sprechen Sie Ihre Zuhörer durch Interaktion oder durch direktes Befragen an. Der passive Zuhörer wird aus seiner Lethargie (Teilnahmslosigkeit, Trägheit) gerissen.

Da nun auch andere Zuhörer ‚fürchten', direkt angesprochen zu werden, werden sie dem Geschehen aufmerksamer folgen.

Bringen Sie ‚Farbe‘ in
Ihre Präsentation

Damit ist gemeint, dass Sie nicht
trocken, monoton, eben ‚farblos‘ handeln (und sprechen), sondern Leben und
Abwechslung in Ihre Präsentation bringen.

Halten Sie Blickkontakt zum
Publikum

Zeigen Sie Ihrem Publikum immer wieder, dass Sie es
nicht als anonyme Menschenmasse betrachten.

Nehmen Sie sich vor, jeden Zuhörer wenigstens einmal
direkt anzuschauen. Bei einer großen Zuhörerschar
scheint dies fast unmöglich zu sein.

Streifen Sie dennoch mit Ihrem Blick über jeden Bereich,
in dem sich Zuhörer befinden. So entsteht das subjektive
Empfinden beim Zuhörer des Erkannt-worden-seins.

Umgang mit aktiven Zuhörern

Es gibt auch Zuhörer, die sehr aktiv auftreten. Sei es, dass sie durch ständige Zwischenfragen oder -rufe auffallen oder, dass sie sich mit ihren eigenen Unterlagen beschäftigen oder, dass sie sich ständig mit ihren Nachbarn austauschen.

Sie sollten nicht über dieses Verhalten wegsehen, da sich aus dieser Situation sonst schnell ein ‚oppositioneller Teilnehmer' entwickeln könnte.

Deshalb den Betreffenden

- anschauen
- zunicken
- eventuell ansprechen

Einbeziehen der Teilnehmer

Unter Interaktion verstehen wir hier eine Wechselbeziehung zwischen Zuhörer und Präsentierendem.

Interaktion bringt für den Zuhörer Aktion. Zuhörer hören nicht nur zu, sie denken auch mit. Zuhörer hören und schauen auch zu. Also können sie auch Zuschauer sein.

Da während der Präsentation ihr Gehirn beansprucht wird, sind sie auch Mitdenker.

Lassen Sie Ihre Zuhörer aktiv mitdenken. Binden Sie sie in Ihre Präsentation mit ein. Werden Sie mit Ihrem Publikum interaktiv!

- De Zuhörer fühlt sich wahrgenommen und voll genommen (im Sinne von ernst nehmen).

- Er beeinflusst durch seine Reaktion den weiteren Ablauf der Präsentation.

- Dadurch steigen bei ihm die Spannung und die Neugierde und damit wieder seine Aufmerksamkeit.

- Da er selbst den Ablauf der Präsentation mitbestimmt, wird er verstärkt Ihren Aussagen zustimmen.

- Seine Zufriedenheit steigt, sodass er am Ende der Präsentation zufrieden gestellt nach Hause gehen wird.

Doch wie können Sie interaktiv werden? Hier gibt es mehrere Möglichkeiten:

- Begrüßung per Hand
- Stellen einer rhetorischen Frage
- Stellen einer tatsächlichen Frage an einen Teilnehmer, wie
  - „Sind Sie der Meinung, dass ...?"
  - „Sind auch Sie der Meinung, dass ...?"
- Durch Aufforderung zum Handzeichen
  - „Wer von Ihnen ist der Meinung, dass ...?"
- Durch Abstimmen. Die Zuhörer werden um ihre Meinung gebeten.
  - „Wer von Ihnen ist dafür, dass ... – Bitte Hand heben!"
  - Die Ergebnisse der Abstimmung können gegebenenfalls später verwendet werden, um verändertes Denken der Teilnehmer nach einer gewissen Zeit darzustellen.
- Mit den Ergebnissen dieser Abstimmung können Sie eine Statistik erstellen.
  - „Das Ergebnis Ihrer Abstimmung entspricht dem Ergebnis einer Umfrage ..."
  - „Wir können deutlich erkennen, dass die meisten von uns ..."
- Natürlich können Abstimmungen auch anonym durchgeführt werden.
- Durch Verteilen von Anschauungs-Material
  - Spannung wird aufgebaut, Abwechslung geboten.
  - „Ich habe Ihnen hierzu ‚das hier' ... mitgebracht, ich lasse Ihnen das jetzt durchreichen."
- Mit diesem Material befühlen – ‚be-greifen' die Teilnehmer besser.
- Sie können es auch einrichten, dass sich am Anschauungs-Material ein spezifischer Geruch feststellen lässt.

- Beachten Sie jedoch, dass die Aufmerksamkeit der Teilnehmer jetzt auf das Anschauungs-Material gelenkt ist. Somit können sie ihre Aufmerksamkeit weniger Ihnen widmen. Andererseits schaffen Sie es, einen oder zwei Sinne zusätzlich anzuregen. Wenn Sie gar ein Geschmacksmuster anbieten: „Probieren Sie doch mal …", wird auch der Geschmacks-Sinn aktiv angeregt.
- Durch die Bitte um Hilfestellung
  - „Würden Sie bitte hier festhalten, damit ich …"
- Durch aufschreiben lassen
  - „Schreiben Sie doch bitte die …"
- Durch Rollenspiele, Gruppenarbeiten o. Ä.

Teil 3 – Passende Wortwahl und unterstreichender Sinneseinsatz zum besseren Verständnis

Wörtern einen Sinn und eine Stimme geben

Stimmung und Atmosphäre schaffen

Im dritten Teil dieses Ratgebers wird auf die Bedeutung des einzelnen Wortes eingegangen. Manch ungeschickt eingesetzter Begriff lässt die Stimmung schlagartig kippen.

Mit geschickt eingesetzten Wörtern schaffen Sie es, eine besondere und gewünschte Stimmung und Atmosphäre zu schaffen.

Und zwar die Stimmung, die Sie als Rednerin/Redner erreichen wollen, um Ihre Ideen, Ihre Ziele, Ihre Produkte überzeugend an die Frau beziehungsweise an den Mann zu bringen.

Weiter wird beleuchtet, wie die eigene Stimme beeinflusst und die gezielte Betonung verschiedene Effekte hervorrufen kann.

Dank der menschlichen Spiegelneuronen kann es Ihnen relativ leicht gelingen, durch Anregen der fünf Sinne beim Zuhörer eine viel größere und weitere Bandbreite des Verstehens aufzurufen.

Nicht nur das Sagen beziehungsweise das Hören entscheidet über die Vermittlung des Rede-Inhalts, sondern das Riechen, Schmecken und Tasten ebenfalls.

Machen Sie sich diese Möglichkeit zu Nutze.

Wort, Worte, Wörter

Wörter werden lebendig

Laut der Weiterbildungsorganisation der UNESCO gibt es in Deutschland etwa 4 Millionen deutsche Erwachsene mit mangelnden Lesekenntnissen beziehungsweise sind Analphabeten. (General Anzeiger Bonn 07.09.2001; dieselbe Zahl wird am 08.09.2007 auch von Focus Schule Online angegeben)

Die deutsche Sprache besteht aus 300.000 bis 400.000 Wörtern. Der Durchschnitts-Deutsche benutzt 12.000 bis 16.000 deutsche Wörter und 3.000 bis 4.000 Fremdwörter. Er versteht aber die 4-fache Wortmenge.

Verlernen wir zu sprechen? Hier eine Tabelle, wie sich der Gebrauch der Wörter in den letzten Jahren durchschnittlich wandelte.

Waren es 1965 noch durchschnittlich 1756 Wörter, so wurden 1995 im Schnitt vermutlich weniger als 1318 verschiedene Wörter benutzt.

Wortschatzgebrauch in Deutschland	
1965	Durchschnittlich 1756 Wörter
1975	Durchschnittlich 1672 Wörter
1985	Durchschnittlich 1521 Wörter
1995	Durchschnittlich 1318 Wörter

(Quelle: Gesellschaft für deutsche Sprache. General Anzeiger Bonn, 1999)

Des Weiteren scheint es doch sehr interessant zu sein, dass wir mit etwa 2.000 verschiedenen Wörtern bereits 90 % des gesprochenen oder geschriebenen Textes abdecken.

Nur 4.000 Wörter benötigen wir für 95 % des Textes. Angeblich machen 9 verschiedene Wörter in der englischen Sprache bereits 25 % der benutzten Wörter aus.

Statista 2009 (Quelle: GfdS) befragte 2009 insgesamt 1.820 über 16-Jährige: „Woran liegt es Ihrer Meinung nach, dass die deutsche Sprache verkommt?" (Mehrfachnennungen möglich). Dabei antworteten:

- 53 %: Es wird weniger gelesen
- 49 %: Einfluss anderer Sprachen
- 48 %: SMS und E-Mails
- 22 %: An der Schule

Die acht Wortarten

Wörter können in 8 Wortarten (oder Redeteile) unterteilt werden:

Nomen	Präsentation, Vortrag
Pronomen	er, sie
Adjektive	klein, schön
Verben	sprechen, sein
Präpositionen	von, zu
Konjunktionen	und, wenn
Adverbien	oft, nur
Interjektionen	ach, ui

Es fehlen die Artikel (der, die das), die manchmal als separate Wortart genannt werden.

Aber die Sprache besteht nicht nur aus zusammenhanglosen Wörtern. Sie wird beeinflusst durch:

Sprache ⟶ Aussprache (Phonologie)
Grammatik (Syntax)
Bedeutung (Semantik)

Einige Fremdwörter ...

... und zwar solche, die in Präsentationen/Vorträgen/Reden immer wieder zu hören sind

- pejorativ = abwertend; zum Beispiel Kanaken
- Norm = der Gegensatz zu Anomie
- psychedelisch = zum Beispiel durch Rauschmittel erreichtes Glücksgefühl
- forensisch = gerichtlich
- empirisch = Erfahrung durch Erkenntnis

- Antithese = Gegenbehauptung zur Ausgangsbehauptung. Zum Beispiel „Alle sprechen von Rezession – wir nicht!

- Demagogie = Volksaufwiegelung

- Defätismus = Schwarzseherei

- Defätist = Schwarzseher

- Epitheton = etwas positiv, typisierend, schmückend umschreiben; zum Beispiel „Erste Dame des Landes", grüne Wiese, blauer Himmel, bei strahlendem Sonnenschein

- Euphemismus = Gutsprechen

  o statt: „Wo ist die Toilette?" (Toilette ist bereits ein Euphemismus, denn es ist eine Umschreibung. Ursprünglich heißt Toilette: Seidentüchlein, mit dem die Person sich erfrischen konnte.)

  o besser: „Wo kann ich mir die Hände waschen?"

- Hermeneutik = Auslegungskunst

- Kakofonie = Missklang

- Metapher = Ein Wort im übertragenen Sinn meint, es soll etwas bildhaft gemacht werden. Zum Beispiel Finanzhai.

- Polemik = gegen eine andere Ansicht scharf und unsachlich argumentieren.

- Apologie = Verteidigungsrede

  o apologetisch = eine Ansicht verteidigend; rechtfertigend

  o apologisieren = verteidigen; rechtfertigen

Die affektive Bedeutung eines Wortes

Unter affektiver Bedeutung eines Wortes wird die emotionale Reaktion bezeichnet, die das Wort nach sich zieht.

Der Autor hat ca. 160 Studenten und Studentinnen 2001 gebeten, von zehn (unten aufgelisteten) Wörtern die affektive (gefühlsbetonte) Bedeutung des Wortes einzuschätzen. Die dunkel markierten Felder zeigen jeweils die meisten Wertungen.

eigentlich										Köln	
unangenehm	16	27	44	18	27	14	4	3	5	1 1 2 4 10 13 44 32 52	angenehm
kalt	0	23	29	27	38	12	11	9	3	9 9 15 9 19 24 26 23 25	warm
eckig	11	25	30	20	29	16	14	9	4	7 9 16 15 24 20 36 15 17	rund
rau	5	14	27	24	33	13	20	18	3	3 8 11 20 40 29 26 14 8	glatt
alt	6	23	28	15	56	12	11	5	0	27 19 21 7 37 15 13 15 6	neu

Krieg										spontan	
unangenehm	0	20	7	1	1	0	0	1	1	0 1 0 2 10 21 36 44 45	angenehm
kalt	118	24	7	3	4	0	0	0	1	2 2 4 7 27 30 46 28 12	warm
eckig	85	31	18	8	9	3	3	0	1	4 11 17 11 28 15 37 24 9	rund
rau	125	15	7	4	3	0	2	0	2	2 5 15 18 31 37 28 16 6	glatt
alt	80	7	20	11	26	4	4	2	3	1 4 1 4 26 22 33 36 30	neu

selbstbewusst										nur	
unangenehm	0	1	1	2	8	11	48	45	41	15 33 31 25 30 9 9 2 3	angenehm
kalt	3	4	11	20	29	19	33	22	15	12 26 33 35 31 9 6 1 1	warm
eckig	3	10	20	19	28	19	28	12	16	10 21 20 24 27 16 22 10 5	rund
rau	2	6	17	30	34	20	19	15	14	6 15 25 36 30 15 15 9 4	glatt
alt	4	1	6	10	71	28	21	12	6	14 13 17 22 63 14 9 3 0	neu

danke										Erfolg	
unangenehm	0	0	1	0	2	4	16	45	87	0 0 0 0 5 6 20 55 70	angenehm
kalt	1	1	0	0	3	6	23	45	75	2 6 12 4 23 24 28 22 34	warm
eckig	1	0	3	4	11	8	37	40	52	6 8 11 11 17 33 27 20 23	rund
rau	2	0	0	6	18	19	35	43	33	4 11 8 12 35 20 24 23 18	glatt
alt	18	12	11	11	65	14	12	8	4	4 3 7 7 58 19 19 23 17	neu

	interessant									Körpergeruch									
unan-genehm	0	1	3	5	9	17	47	37	38	62	31	13	7	26	10	2	4	3	ange-nehm
kalt	1	6	14	15	27	33	36	26	1	10	12	18	8	22	23	28	18	19	warm
eckig	10	14	21	18	29	29	23	8	5	10	10	19	19	37	30	18	10	6	rund
rau	2	14	29	25	33	23	17	9	7	14	12	31	22	37	19	15	6	2	glatt
alt	5	12	15	11	26	15	19	20	34	36	18	27	16	41	13	3	2	1	neu

Es ist deutlich abzulesen, dass Wörter im Leser beziehungsweise Zuhörer bestimmte Gefühle erzeugen.

Fazit: Überlegen Sie gut, welche Wörter Sie in Ihren Präsentationen verwenden, um möglichst Empfindungen beim Zuhörer zu erzielen, die von Ihnen gewünscht sind.

Kategorien-Verwechslung – Gewollt komisch

Gilbert Ryle, britischer Philosoph (1900 – 1976) beschreibt die Kategorien-Verwechslung. Dabei werden Begriffe einem logischen Typ zugeordnet, denen sie nicht angehören:

- „Er sprach in Wut und in Berlin."

- „Der Opa spazierte mit dem Stock."

- „Der Redner hängte ein Plakat für sein Publikum auf, das extrem aussagefähig war."

- „Er betrachtete die Seezunge, die die Tante aß."

Heinz Ehrhardt (1909 – 1979, „Und noch ein Gedicht") war ein Meister im bewussten Benutzen dieser Kategorien-Verwechslungen. Zum Beispiel:

- „Er schlug das Fenster und dann den Weg nach Hause ein."

Ungewollt komisch

- „Kinder von Satanisten getötet." (Schlagzeile Bonner Zeitung im Februar 2002)

   o Waren es die Kinder der Satanisten, die getötet wurden? Oder töteten die Satanisten die Kinder?

- „Während ihr Freund Klaus Wielands Fehler ausglich …"

   o Heißt der Freund Klaus oder heißt er Klaus Wielands?

- Eine Speisekarte einer Gaststätte in Neustift im Stubachtal weist darauf hin „Unsere Schnitzel werden vom Schwein zubereitet." (Spiegel 8-2014). Na, so eine Schweinerei.
  - Dürfen Schweine jetzt in der Gastronomie arbeiten?
- Jetzt wird es interessant. Haben Sie, liebe Leserin, lieber Leser, schon einmal von einem schießenden Messer gehört? Laut ‚Die Welt' muss es so etwas geben. Denn sie schreibt am 14.12.2013 „Polizei erschießt Mann mit Messer."
  - Nun benötigt die Polizei keine Pistolen mehr. Messer genügen als Schusswaffe. Also Vorsicht vor allen Messern in Ihrer Küchenschublade …
- Der Spiegel zitiert am 06.01.2014 aus der ‚Stuttgarter Zeitung': „Eine Aktivistin der Frauengruppe Femen ist während der Weihnachtsmesse im Kölner Dom mit Kardinal Meisner halb nackt auf den Altar gesprungen."
  - Kardinal Meisner halb nackt auf dem Altar?
- Und aus unbekannter Quelle: „Nach einem Vortrag sollten möglichst lange Richter über den Nachlass bestimmen."

Bedeutungsbeziehungen zwischen Lexemen

Lexem ist die Bezeichnung für die Bedeutung eines Wortes. Im Folgenden wird dargestellt, in welcher Beziehung Wörter zueinander stehen können.

- Synonymie ist die Relation der Bedeutungsgleichheit.
  - Haus, Gebäude

    Zwei Lexeme können in dem einen Satz synonym sein, in dem anderen nicht.
  - „Das Bild ist scharf." oder „Die Suppe ist scharf."
  - Das Lexem ‚scharf' hat in beiden Fällen eine unterschiedliche Bedeutung.
- Hyponymie bezeichnet die Unterordnung unter einen Oberbegriff.
  - Frau ist ein Hyponym zu Mensch.
  - Blume ist ein Hyponym zu Pflanze.

- Kohyponyme sind Lexeme eines selben Oberbegriffs.

  o Mann, Frau und Kind haben denselben Oberbegriff: Mensch.

- Antonymie bezeichnet die Relation zwischen Wörtern mit gegensätzlicher Bedeutung. Dabei wird zwischen abstufbarer Antonymie, nicht abstufbarer Antonymie und Konversionen unterschieden.

  abstufbare Antonymie zeigt die Ausprägung einer Eigenschaft

  o hell – dunkel (sehr hell – sehr dunkel)

  nicht abstufbare Antonymie bezeichnen komplementäre Begriffe

  o schwanger – nicht schwanger (etwas schwanger ist nicht möglich, und damit nicht abstufbar.)

  voneinander abhängig sind

  o Frage – Antwort

- Inkompatibilität stellt eine lexikalische Unverträglichkeit dar. Es handelt sich hier um Lexeme, die sich gegenseitig ausschließen

  o Entweder ist die Tür offen oder geschlossen. (Beides gleichzeitig ist nicht möglich).

Gruppieren von Lexemen

Lexeme lassen sich gruppieren. Sie gehen dann Kollokationen (gehäuftes benachbartes Auftreten von Wörtern) ein. Dabei sind sie in drei Vorgehensweisen einteilbar.

- vorhersehbare Weise

  o zum Beispiel ‚Schwein' und ‚quieken'

  o „Ein Schwein ..."

- vielfältig kombinierbare Weise

  o zum Beispiel ‚Rede' und ‚interessant, langweilig, spannend, langatmig, usw.'

  o „Eine Rede ist ..."

- nicht vorhersehbar Weise

  o zum Beispiel ‚haben'

  o „... hat ..."

Lexeme mit gleicher und unterschiedlicher Bedeutung

Hierbei werden zwei Gruppen gebildet: Polysemie und Homonymie.

- Polysemie bedeutet, dass ein Lexem mehrere Bedeutungen hat

    o zum Beispiel ‚scharf' (Hund, Messerschneide, Essen, Gewürz, Bild, Frau)

- Homonymie bedeutet, dass verschiedene Lexeme (gleicher Schreibweise) verschiedene Bedeutung haben

    o zum Beispiel ‚Nagel' (einmal der Metallstift, und einmal der Fingernagel)

Bei einer lexikalischen Beziehung treten zwei Lexeme in Beziehung zueinander.

- „Die Sätze waren gekonnt geformt. Besonders die einzelnen Wörter gefielen ihm.“

Laterales Denken

- laterales Denken sucht alle Seiten eines Problems einzuschließen (auch unorthodoxe).

    o unilateral = einseitig betrachtet

    o bilateral = zweiseitig betrachtet; von zwei Seiten ausgehend (zum Beispiel die Sicht der Partner betrachtend)

    o trilateral = dreiseitig betrachtet

Die lästigen Unwörter – ‚eigentlich' heißt ‚eigentlich nicht'

Natürlich ist kein Wort ‚schlecht' oder ‚gut'. Allerdings beeinflussen Wörter den Zuhörer.

Manche Wörter werden als ‚ungut' abgelegt (zum Beispiel das Wort Körpergeruch). Andere Wörter erzeugen eher einen angenehmen Effekt (wie das Wort Duft).

Vergleichen Sie hierzu die Ausführungen zur affektiven Bedeutung eines Wortes.

Bezeichnen wir im Folgenden einige Wörter, die in einer Präsentation nicht unbedingt etwas zu suchen haben als Unwörter.

Zu diesen zählen:

man, frau	„Man weiß ja, wie schwierig es ist, ..."	Wer ist man? Wird hier für die Anonymität gesprochen? Besser: „Der Betroffene ..." oder „Ich ..." oder „Die Hamburger ..."
eigentlich	„Eigentlich finde ich das gut."	Aber nur eigentlich. ‚Eigentlich' bedeutet ‚eigentlich nicht'. Das Wort ‚eigentlich' stellt eine Einschränkung dar, lässt also dem Sprecher noch ein Hintertürchen offen. In den meisten Fällen kann das Wort ‚eigentlich' ersatzlos gestrichen werden. Besser: „Ich finde das gut." Ausnahme zum Wort: ‚Im eigentlichen Sinne'.
eben, eben mal	„Betrachten Sie eben mal die Unterlagen."	Eben mal scheint eine kurze Zeitspanne zu signalisieren. Es wird demnach nicht viel Zeit in Anspruch nehmen, in die Unterlagen zu sehen. Besser: „Betrachten Sie bitte jetzt die Unterlagen".

irgend-wie, ir-gend-wann, ir-gendwo und ver-gleichbare Wörter	„Irgendwie erscheint mir das komisch."	Besser: „Mir erscheint das komisch".
also, so	„Also lassen Sie uns wei-terfahren."	Das Wort ‚also' zu Beginn eines Satzes scheint einen logischen Aufbau im Dialog fortzuführen. Tatsächlich lässt sich meistens der Satz im selben Sinne ohne dieses Wort bilden. Bes-ser: „Lassen Sie uns fort-fahren."
sollte, könnte, müsste	„Sie sollten was tun."	Sollten heißt nicht, dass der Betroffene es wirklich tun wird. Die anscheinend höfliche Form soll nieman-dem wehtun. Sie ist im Di-alog aber nicht unbedingt im Sinne der Zielorientie-rung förderlich. Besser „Erledigen Sie bitte."
halt	„Schauen Sie halt mal nach."	Weswegen halt? Besser: „Schauen Sie bitte nach".

Kraft der Wörter – Deutsch ist nicht gleich Deutsch

„Deutsch ist nicht der Name einer Rasse, sondern einer Sprache. Und die konnte man schon immer lernen, egal woher man kam. Deutsch kommt von diot, das Volk und bezeichnet die Volkssprache.

Weil hier ‚das gemeine Volk' die romanischen Sprachen nicht verstand, redete es von den ‚Welschen', die Kauderwelsch sprechen." (Zitiert aus ‚Der Spiegel 4/2002 Seite 133')

Wenn möglich vermeiden

Weder eine gute Gesprächsrunde noch ein Vortragender hat es nötig, auf bestimmte Wörter oder Laute zurückzugreifen. Vermeiden Sie deswegen:

Vulgärdeutsch:	mit den Händen fuchteln, daherquatschen, logo, echt?
Schwammwörter:	Ding, Sache, nett, schön, im Prinzip, im Grunde, eventuell
Fremdwörter:	Falls sie genutzt werden, sofort erläutern!
Verlegenheitswörter:	wissen Sie, und so, natürlich, also, tja, nicht wahr* (* Ausnahme in der Suggestivfrage)
Anglizismen, zumindest nur bewusst einsetzen:	Kids, Airport, Spot
Überholte Wörter:	Gemahlin, gestatten, entzückend …
Abkürzungen:	Ausnahmen sind Akronyme wie: EU, USA, NATO usw.

Beleidigende Aussagen:	Beleidigungen gegenüber Polizisten und Politessen (Quelle: Süddeutsche Zeitung 4./5. Mai 2002) kosteten in Euro: du Schlampe 2.000 €, Wichtelmann 1.000 €, blöde Kuh 600 €, Depp 250 € - heutzutage bestimmt mehr.
Auch nonverbale Beleidigungen schlagen aufs Taschengeld:	Vogel zeigen 1.000 €, ‚Stinke'-Finger 4.000 € (gestreckter Mittelfinger)
Verlegenheitslaute, Fülllaute:	ah, öh, ähm
Jugendsprache:	am Start sein (etwas Neues haben), dissen (sich über etwas abfällig äußern)
Diskriminierungen:	der Alte da drüben
Fäkalwörter:	Schei...

Wenn möglich einzusetzen

Gestalten Sie Ihre Sprache lebendig. Benutzen Sie deshalb:

- Wenig Hauptwörter, aber viele Verben.
  - Nicht: „Die Erledigung." Besser: „Ich erledige."
- Viele Eigenschaftswörter.
  - Nicht: „Die Frau." Besser: „Die gut aussehende, verschmitzt lächelnde Frau."

Es scheint so

- scheinbar (nur dem Schein nach, also NEIN)
  - Er hörte scheinbar zu.
- anscheinend (offenbar, also JA)
  - Er hörte anscheinend zu.

Und dann wieder Abkürzungen

Es könnte der Eindruck entstehen, dass wir es bei der Schrift so einfach wie möglich gestalten wollen. Jeder Buchstabe, der geschrieben werden muss, kostet Zeit. Also demnach: abkürzen?

- Suspension bedeutet das Ersetzen von Buchstaben am Wortende durch Punkt oder andere Satzeichen.

  o ‚abw.' anstelle von ‚abwesend'

- Kontraktion ist das Auslassen von Buchstaben innerhalb eines Wortes.

  o gehen = gehn

- Kurzschriftzeichen ist ein Symbol, das ein Wort dar-stellt.

  o † = gestorben

Ausdrucksweise – Lokution

Beim Sprechen werden nicht nur Sachverhalte dargestellt, sondern auch ‚Handlungen' umgesetzt.

- perlokutionärer Akt = der Sprechakt im Hinblick auf die Konsequenz der Aussagen (zum Beispiel die Wirkung auf Gefühle, Gedanken und Handlungen des Hörers.) Hat Konsequenz für den Hörer.

- lokutionärer Akt = der Sprechakt im Hinblick auf Artiku-lation, Konstruktion und Logik der Aussage (Wenn es regnet, wird die Straße nass.)

- illokutionärer Akt = der Sprechakt im Hinblick auf seine kommunikative Funktion (zum Beispiel Appell, Frage usw.)

Von Wörtern zum aussagekräftigen Satz

Der gesprochene Satz – Satzstil

Jedes einzelne Wort beeinflusst die Aussage eines Satzes. Wie sollte der Satzstil sein?

- flüssig
- im Plauderton
- kurz (durchschnittlich 7 Wörter, damit der Durchschnitts-Zuhörer gut folgen kann)
- Aktivsätze (besser als Passivsätze. „Ich steuere das Fahrzeug" statt „Das Fahrzeug wird von mir gesteuert.")
- neuer Gedanke – neuer Satz (den Punkt am Ende des Satzes ‚mitdenken', damit der Zuhörer besser verstehen kann)

Vermeiden Sie:

- Schachtelsätze
- Satzbrüche (Anakoluthe; „Ich habe die Schuhe gesehen und – oh Himmel, du wirst es nicht glauben!")

Übrigens: Es ist weniger tragisch sich zu versprechen, als Satzgebilde aufzubauen, denen kaum einer folgen kann.

Kontrafaktischer Konditionalsatz

Ein kontrafaktischer Konditionalsatz ist ein Konditionalsatz, der immer wahr ist, weil er von einer falschen Prämisse ausgeht. Eine Prämisse ist ein Vordersatz/Voraussetzung eines logischen Schlusses.

- „Wäre ich damals nicht zufällig im Saal gewesen, dann hätte ich heute nicht ..."

Rhetorisch gesehen ist solch ein Satz nur dann sinnvoll, wenn wir auf einer Annahme eine folgende Diskussion oder Präsentation aufbauen wollen. Gleichzeitig wird vermieden, dass die Richtigkeit der Annahme bezweifelt wird.

- „Nehmen wir mal an, die Erde sei flach. Dann ..."

Irreleitende Sätze

Von fleischfressenden Pflanzen mögen Sie schon einmal gehört haben.

Aber dass das Kleeblatt dazugehört, scheint eine neue Erkenntnis zu sein.

- „Ein Kleeblatt, das ein Rüsseltier frisst."

Und so ist es besser zu schreiben:

- „Ein Rüsseltier, das ein Kleeblatt frisst."

Und noch ein Beispiel:

- „Eine Orange, die die Frau isst."

Und so ist es besser zu schreiben:

- „Eine Frau, die eine Orange isst."

Übrigens: Wie gefällt Ihnen dieser Widerspruch?:

- „Die einzige Wahrheit, die es gibt ist die, dass es keine Wahrheit gibt."

Die 3 Phrasen im Satz

„Der sehr junge Redner legte korrekt die Folie auf."

In diesem Satz sind drei Phrasen zu erkennen:

- Verbalphrase
  - o legte korrekt
- Nominalphrase
  - o die Folie
- Adjektivphrase
  - o sehr junge

Elliptische Sätze

Elliptische Sätze sind verkürzte (Antwort-) Sätze. Zum Beispiel:

「Wo gehst du hin?"

„In die Stadt."

Deutsche Sprache – schwere Sprache

(Quelle: Spiegel, 38/16.09.2002):

Berlin, 20. Januar 2002. Edmund Stoiber ist Gast in der Fernsehsendung ,Sabine Christiansen'. Zu besichtigen ist ein Mann, der Hilfe braucht.

Einmal sagte er Folgendes: „Das heißt also Absenkung des Nach …, des, des, des, des, des, na, des, des Alters, des Alters der Kinder, wenn sie, des Nachzugalters; dann kommt der fünfte Punkt, und der sechste Punkt kommt dann sicherlich die Fragen gleichge …, äh, nicht gleichgeschle …, sondern, äh, ob ich auch, äh, äh, Asylgründe schaffe außerhalb der politischen und der rassistischen Verfolgung, also auch Gründe, äh, wenn aus, wenn, wenn andere Gründe sozusagen also aus dem Geschlecht oder Ähnlichem, äh, stattfinden, also wenn Frauen, die irgendwie wegen ihres Frauseins irgendwo verfolgt werden."

Verallgemeinerung – „Jeder hat schon mal ..."

Wirklich jeder? Hat tatsächlich jeder Mensch auf dieser <u>Erde</u> ...?

„Na ja", mögen Sie sagen. „Natürlich nicht <u>jeder</u> – aber <u>fast</u> jeder."

Dann erwidere ich: „Weshalb sagen Sie nicht gleich <u>fast</u> jeder?"

Bei Verallgemeinerungen laufen Sie Gefahr, dass Ihre Aussagen auf einen Ihrer Gesprächspartner nicht zutreffen. Diese Person fühlt sich möglicherweise ungerecht oder gar falsch behandelt. Vielleicht auch unverstanden oder übergangen. Oder sogar persönlich angegriffen. Wollen Sie das?

Weshalb dann das Risiko eingehen, einen ‚Gegner' zu haben? Abgesehen davon treffen die meisten Verallgemeinerungen eh nicht voll zu:

- „<u>Jeder</u> Deutsche lernt in der Schule Englisch."
- „<u>Jeder</u> Kölner liebt seinen Dom."
- „<u>Alle</u> Autofahrer sind rücksichtslos im Straßenverkehr."
- „Ich stehe <u>immer</u> um 7:00 Uhr morgens auf."
- „<u>Kein</u> Mensch spricht chinesisch."
- „Ich nehme <u>nie</u> Medikamente."
- „Das würde ich <u>niemals</u> tun."
- „<u>Niemand</u> würde sich so verhalten."

Sie vermeiden mögliche Unannehmlichkeiten dadurch, dass Sie die Verallgemeinerungen mit einem einschränkenden Wort entschärfen:

- „<u>Fast</u> alle von uns haben ..."
- „<u>Kaum</u> einer würde ..."
- „<u>Fast</u> immer (sehr häufig) ..."
- „So gut wie kein Mensch ..."

Sollte Ihre Aussage auf einen der Gesprächspartner nicht zutreffen, so wird dieser sich kaum persönlich angegriffen fühlen. Denn er könnte ja gerade derjenige sein, der nicht unter <u>fast</u> <u>alle</u> fällt.

Tautologie – Wortverdopplungen

„Die Sprache ist die Quelle der Missverständnisse" meinte bereits der französische Schriftsteller Antoine de Saint-Exupéry (1900 – 1944). Schon weiter vorn im Buch wurde deutlich dargestellt, wie sich Missverständnisse ergeben können.

Aber auch bei der Benutzung von Wörtern ergeben sich manchmal lustige oder unnütze Kombinationen. Dazu zählen die Tautologien.

Tautologien (Häufung gleichbedeutender Wörter/Wort-ver-doppelung) beziehungsweise Pleonasmen (Einzahl: Pleonasmus) sind Aussagen, die bereits Gesagtes wiederholen. Beispiel: ein weißer Schimmel. Ein Schimmel (also das Pferd) ist in der Regel weiß – auch wenn er als junges Pferd ein dunkles Fell haben kann. Deshalb ist das Eigenschaftswort ‚weiß' überflüssig, da es keine zusätzliche Information bringt.

- alter Greis
- aus (dem Raum) hinaus/in … hinein
- aus und vorbei
- auseinander dividieren
- dazu addieren
- ein einziger
- falscher Irrtum
- Fernsehen gucken
- großer Riese
- ich persönlich
- kaltes Eis
- karierter Schottenrock
- kleines Zwerglein
- leises Flüstern
- letztendlich
- messerscharfer Schnitt
- neu eröffnen [er = neu]
- neu renovieren [nov = neu]
- riesig groß
- schlicht und einfach
- schwarzer Rappe
- seltene Rarität
- sich einander gegenseitig
- tiefe Kluft
- weißer Schimmel
- wieder von neuem
- zurück reduzieren
- zwei Zwillinge (= 4 Personen)

Manche Tautologien sind etwas schwieriger als solche zu entlarven:

- bereits schon
- Eigeninitiative
- furchtbare Katastrophe

(eine Katastrophe ist sowieso schon furchtbar)

- Stillschweigen

- gemeinsame Teamarbeit
- kontrovers diskutieren
- neuer Anfang
- Rück-Antwort
- Rück-Vergütung
- frühzeitig
- schwere Verwüstung

Tautologie ist die Häufung sinngleicher Wörter oder sogar die mehrfache, oft umständliche Umschreibung eines Sachverhaltes in Ermangelung des betreffenden Ausdrucks. Medizinisch gesehen kann Tautologie auftreten bei einer Sprachstörung infolge einer Schädigung im Sprachzentrum des Gehirns (Aphasie).

Sprachklischees

Als Sprachklischees gelten Wortverbindungen mit hohem Bekanntheitsgrad.

- bettelarm
- bierernst
- bildschön
- bitterkalt
- blutrot
- brottrocken
- elendslang
- goldrichtig
- himmelhoch
- hundemüde
- hundsgemein
- mausetot
- potthässlich
- saublöd
- saukalt
- schweineteuer
- spiegelglatt
- splitternackt
- steinreich
- stinkfaul
- stinkwütend
- stockfinster
- strohdumm
- taubengrau
- todschick

Nicht mögliche Wörter?

Wie gefallen Ihnen diese häufig benutzten und doch nicht sinnvollen Wörter?

- Un-Mengen
- Un-Kosten
- Un-Kraut
- Un-Tier
- Un-Wetter

Nicht steigerbare Adjektive

Auch hier wird häufig falsch gesteigert. ‚Eindeutiger' gibt es nicht, denn ‚eindeutig' ist bereits ‚eindeutig'.

- arbeitslos
- durchsichtig
- eindeutig
- einzig
- eisern
- ideal
- jährlich
- letzter (allerletzter)
- perfekt
- quadratisch
- schwarz
- stressfrei
- tot (mausetot)
- wolkenlos (absolut wolkenlos)

Irritierende Auflistung

- Talsohle, Talfahrt, Talkrunde
- Baugenehmigung, Bauerlaubnis, Bauernhöfe
- Druckerzeugnis: Druck-Erzeugnis, Drucker-Zeugnis

Paarformeln

Paarformeln werden auch als Zwillingswörter, Paarwörter oder Binominale bezeichnet. Paarwörter sind feststehende Redewendungen. Sie werden zur besonderen Betonung beziehungsweise zur Verstärkung eingesetzt.

Das zweite Wort wiederholt das erste, aber in Form eines anderen Begriffs.

- Schnurz und schnuppe
- Ab und zu
- Auf und davon
- Glanz und Gloria
- Stein und Bein (schwören)
- In Hülle und Fülle
- Hinz und Kunz
- Hopfen und Malz (verloren)
- Jacke wie Hose
- Kind und Kegel
- Haut und Haar
- Erstunken und erlogen
- Brief und Siegel
- Auf Herz und Nieren
- Mit Pauken und Trompeten
- Klipp und klar
- Mord und Totschlag
- Sodom und Gomorrha

Paarformeln mit Wortwiederholungen

- Schritt für Schritt
- Grau in grau
- Zug um Zug
- Nach und nach
- Arm in Arm
- Schlag auf Schlag
- Durch und durch

Verneinungen von schön

- unschön (Verneinung)
- nicht unschön (doppelte Verneinung)
- keinesfalls nicht unschön (dreifache Verneinung)

Negation des Gegenteils

- nicht viel = wenig

Die Wertung des Wortes ‚erst'

Und damit haben Sie die Möglichkeit, wie Sie mit dem bewussten Einsatz scheinbar gleicher Wörter einen unterschiedlichen Sinn erzielen können.

- erst entspricht zuerst
- erst entspricht erst jetzt?, also = später
- fast 1.000 entspricht positiv viel
- knapp 1.000 entspricht negativ, noch nicht mal
- annähernd 1.000 entspricht ausgeglichen
- nur entspricht wenig

Mit allen Sinnen arbeiten

Was die Sprache beschreibt und verrät – Psyche und Körper

Der Mensch kann seine Aussagen analysieren. Manche Aussagen lassen Rückschlüsse auf den körperlichen Zustand des Sagenden zu. Das wird dann interessant, wenn dadurch eine mögliche medizinische Auswirkung erfolgen kann. Einige Beispiele, die nur als Auszug dienen sollen, sicherlich medizinisch nicht umfassend sind und auch nur als Hinweis gelten sollen:

Dabei bedeuten die Begriffe:	
Kinästhe-tisch	die Fähigkeit der unbewussten Steuerung von Körperbewegungen betreffend
Visuell	das Sehen betreffend
Olfaktorisch	den Geruchssinn betreffend
Gustatorisch	den Geschmackssinn betreffend
Auditiv	das Hören betreffend
Audiovisuell	zugleich hör- und sichtbar, gleichzeitig das Hören und Sehen ansprechend

Sinn: auditiv

Aussage	Auslöser	mögliche Folge	Lösungsweg
Ich kann es einfach nicht mehr hören	ist verletzt durch Worte, hört eine Sache immer wieder	Tinnitus, Hörsturz	„Das meint er doch gar nicht so"
Da bleibt mir die Luft weg	Überbleibsel einer gestörten Kommunikation während der Kindheit	Asthma	Therapie

Sinn: visuell

Aussage	Auslöser	mögliche Folge	Lösungsweg
Ich kann's nicht mehr mit ansehen	wiederholt negativ wirkendes Verhalten anderer	Bluthochdruck, Schweißausbrüche, Augen verdrehen, abwenden	Kommunikation mit Gegenüber suchen

Sinn: olfaktorisch

Aussage	Auslöser	mögliche Folge	Lösungsweg
Das stinkt mir	länger andauernde oder wiederholte persönliche Beeinträchtigung	Würgereiz	Übungen zum Thema Anti-Stress umsetzen
Ich kann den Typ nicht riechen	Umgang mit unsympathisch oder ungepflegt wirkendem Gegenüber	Juckreiz, Niesen, Nasentropfen, Würgen	Kommunikation mit Gegenüber suchen

Sinn: gustatorisch

Aussage	Auslöser	mögliche Folge	Lösungsweg
Das schmeckt mir gar nicht	bevorstehende, voraussichtlich unangenehme Situation	Appetitlosigkeit	Gefahr der Resignation, deshalb Situation angehen und lösen

Sinn: kinästhetisch

Aussage	Auslöser	mögliche Folge	Lösungsweg
Ich könnte aus der Haut fahren	kann peinlichen Situationen oder Konflikten nicht aus dem Weg gehen	Ekzeme, Schuppenflechte	Sicherheit, Hilfestellung geben, Normen folgen
Das finde ich zum Kotzen	hat Ärger, Stress	Magenschmerzen, Durchfall, Magengeschwür	Anti-Stress
Immer wird alles auf mir abgeladen	trägt große Verantwortung, Überforderung	Nacken-, Schulterschmerzen, Bandscheibenvorfall	Lernen, ,nein' sagen zu können. Massage, Gymnastik
Das zwingt mich in die Knie	spürt ständige Überforderung	Hüftprobleme, Knieprobleme, Bandscheibenvorfall	Anti-Stress
Das hab ich mir zu Herzen genommen	zum Beispiel bei Kritik an der Person, Sorgen, Probleme	Herz-Rhythmus-Störung, Herzrasen	Das eigene Selbst-bewusst-sein stärken
Ich kann's nicht fassen	außerordentliches Erlebnis	Schock, Apathie (Teilnahmelosigkeit)	Langsames Heranführen an diese oder ähnliche Situationen

Übrigens: Blass vor Neid werden, was bedeutet das? Lösung: Bei Neid verengen sich die Blutgefäße, die Haut wird blass. Grüne oder gelbe Haut zeigt, der antiken Temperamentlehre nach, ein Gallenleiden an. (Roter Blutfarbstoff wird zu gelbem und grünem Gallenfarbstoff abgebaut.) Wir könnten sagen, dass eine Art seelischer Vergiftung bei neidischen Menschen vorliegt.

Kannibalismus in der Sprache?

- „Leih' mir dein Ohr."
- „Ich mach dir Beine."
- „Schenk mir dein Herz."
- „Darf ich um Ihre Hand bitten?"
- „Ein Auge auf jemanden werfen."
- „Ich könnte dich vernaschen."

Reden, sagen, sprechen

Unsere Sprache ist sehr vielfältig. Versuchen Sie, zu häufig benutzten Wörtern Synonyme (sinnverwandte Wörter) zu finden. Oder auch Wörter, die – je nach Aussage des Satzes – eine ähnliche oder verstärkende Wirkung haben. Ihre Präsentation wird bildhafter und deutlicher – und vor allem abwechslungsreicher.

sagen	annehmen, ansagen, antworten, bedeuten, befragen, behaupten, belehren, bemerken, betonen, beurteilen, beweisen, denken, einwerfen, entgegnen, erachten, erwidern, finden, glauben, heißen, informieren, kommentieren, meinen, plädieren, präsentieren, predigen, reden, referieren, rezitieren (künstlerisch vortragen), schildern, sprechen, urteilen, überzeugen, vermuten, vertreten, vortragen, wissen lassen

Ehrlich gesagt

Und damit sind diese Einleitungen zu überdenken:

Ehrlich gesagt ..."

- „Ich möchte sagen ..."
- „Ohne Umschweife gesagt ..."
- „Ich würde sagen ..."
- „Ich würde denken ..."
- „Also, wenn ich ganz ehrlich bin ..."

Die Kraft der Stimme –
Suprasegmentale Merkmale

Sprechrhythmus durch Tonhöhe, Betonung und Lautstärke

Nicht nur die Wörter und der Satzbau entscheiden über das Gesprochene, sondern auch die Art und Weise, wie etwas ausgesprochen beziehungsweise betont wird. Hier wird von suprasegmentalen Merkmalen gesprochen, da sie sozusagen ‚über' den ausgesprochenen Wörtern schwingen. Die Stimme segmentiert – unterteilt – die einzelnen Wörter nicht.

Durch folgende Variationen können Sie Ihre Stimme beeinflussen und damit die Aufmerksamkeit der Gesprächspartner beeinflussen:

- durch die Tonhöhe,
  - o wobei steigende Tonhöhe eine Frage nachzieht und fallende Tonhöhe eine Aussage meint.
- durch die Lautstärke, also die Betonung,
- durch das Sprechtempo,
  - o wobei schnell gesprochen eine Dringlichkeit zeigt und langsam gesprochen eher überlegend und betonend wirkt.

Tonhöhe, Lautstärke und Sprechtempo ergeben den Sprechrhythmus der gesprochenen Sprache.

Das Auslösen von Reaktionen durch die Stimme

Laut Dyckhoff/Westerhausen (Power Research Seminare, Bonn, 1999) löst die Stimme beim Zuhörer folgende Reaktionen aus:

- Beschleunigtes Sprechen mit rigidem Rhythmus:
  - o Das bewirkt beim Gesprächspartner Erhöhung des Blutdruckes und die Beschleunigung der Atem- und Pulsfrequenz. Der Gesprächspartner ist anfangs aufmerksam, aber nach einer Weile wird er unter Umständen aggressiv.

- Große Dynamik in der Stimme:

  o Vermehrtes Auftreten rhythmischer Kontraktionen der Skelettmuskulatur. Der Gesprächspartner hört aufmerksam zu.

- Scharfe Artikulation:

  o Erweiterte Pupillen. Der Gesprächspartner ist gespannt und aufmerksam.

- Starker Auftrieb und abrupter Abfall der Tonlinie:

  o Größerer Hautwiderstand, Emotionalisierung. Der Gesprächspartner fühlt sich betroffen, reagiert vielleicht abwehrend.

- Stakkato-Charakter der Stimme:

  o Erhöhte Erregung des Nervensystems. Der Partner wird auf Dauer aggressiv.

- Langsames Sprechen ohne akzentuierte Rhythmen:

  o Blutdruckabfall erfolgt. Der Gesprächspartner verliert Aufmerksamkeit.

- Geringe Dynamik der Stimme:

  o Verlangsamung der Atem- und Pulsfrequenz. Achtung: Der Gesprächspartner schläft ein!

- Sanfte, fließende Sprechmelodik:

  o Entspannung der Skelettmuskulatur. Der Gesprächspartner ist entspannt.

- Monotone Stimme:

  o Verengte Pupillen, geringer Hautwiderstand, Beruhigung. Achtung: Der Gesprächspartner schläft ein!

Überzeugende Stimme

Die Stimme gewinnt an Stärke, wenn

- sie voll, kräftig ist,
- klar und deutlich wahrnehmbar ist,
- Lautstärke und Geschwindigkeit variieren.

Der Redner

- achtet auf die Tonhöhe, und
- stimmt den Rhythmus der Sprache der Körpersprache an.

Paralinguistische Merkmale

Neben den oben erwähnten Möglichkeiten wird hierunter zum Beispiel das Flüstern verstanden. Ein Flüstern kann etwas Verschwörerisches oder Verräterisches bedeuten, aber auch die Angst zeigen, sich Dritten gegenüber zu verraten. In der Präsentation eignet sich das Flüstern nur bedingt. Es erfordert eine absolute Aufmerksamkeit der Zuhörer und ist - wenn überhaupt - nur kurzfristig einzusetzen, um zum Beispiel eine Situation deutlich zu machen. Neben Flüstern zählt in dieser Kategorie noch ein heißer oder rauer Ton, eine belegte oder vibrierende Stimme, wenn jemand zum Beispiel dem Weinen nahe ist.

Das Mittel der Betonung – Prosodische Bedeutung

Zuletzt noch einige Worte zur Betonung. Unter Prosodischer Bedeutung wird die Art und Weise verstanden, wie ein Satz gesprochen wird. Je nach Betonung ändert sich die Bedeutung der Aussage. Schauen Sie sich den folgenden Satz an und lesen Sie ihn laut vor:

- Ich arbeite heute im Büro.

Je nach Betonung der einzelnen Wörter, verschiebt sich der Schwerpunkt der Aussage.

Ich arbeite heute im Büro   (<u>Ich</u> arbeite, nicht etwa du arbeitest heute im Büro)
Ich **arbeite** heute im Büro   (Ich <u>arbeite</u>, ich schlafe nicht etwa im Büro)
Ich arbeite **heute** im Büro   (Ich arbeite <u>heute</u>, also nicht gestern oder morgen im Büro)
Ich arbeite heute **im** Büro   (Ich arbeite heute <u>im</u> Büro und bin nicht etwa im Außendienst unterwegs)
Ich arbeite heute im **Büro**   (Ich arbeite heute im <u>Büro</u>, also nicht etwa im Labor)

Immer derselbe Satz – aber fünf verschiedene Schwerpunkte. Nutzen Sie das Mittel der Betonung, um Ihre Präsentation ‚farblicher' zu gestalten.

Des Weiteren dient die Betonung der

- Sprechtonerhöhung
- Sprechtonverstärkung
- Sprechtondehnung.

Zusätzlich kann auch die Lautstärke Aufmerksamkeit erregen. Selbst zwischenzeitliches Flüstern kann die Aufmerksamkeit erhöhen.

Tonfall

Wir wissen, dass unterschiedliche Sprechweisen großen Einfluss auf die verbale Aussage und natürlich auf die Zuhörer haben. Beim Sprechen können wir eine monotone, einschläfernde Sprechweise wählen. Das Gegenüber wird sich sehr darüber freuen, weil es bald in einen erlösenden Schlaf fallen kann.

Stellen Sie sich diese Sprechweise auf längere Zeit vor. Eintönig. So wie der Inhalt der Präsentation, der Aussage?

Die monotone Sprechweise hat keine Höhen und Tiefen. Je gleichförmiger die Sprechweise ist, desto ermüdender wird das Gesagte empfunden.

Auch eine wellenartige Sprechweise mit immer gleichen Höhen und Tiefen wird uns eher an die Kirche als an einen dynamischen Vortrag oder an eine beeindruckende Präsentation erinnern.

Dynamische Sprechweise

Daraus folgt, dass unsere Sprechweise eine dynamische sein sollte. Die dynamische Sprechweise kennzeichnet sich durch unregelmäßige Betonung, mal laut unterstreichend, mal leise Aufmerksamkeit heischend aus. Mal sprechen wir etwas langsamer, mal etwas schneller.

In dieser Vielfalt der Tonfälle spiegelt sich die Vielfältigkeit des Themas wieder. Die Zuhörer sind aufmerksam, weil sie nie wissen können, was als nächstes geschehen wird, ganz im Gegensatz zu den beiden zuerst genannten Sprechweisen.

Es ist außerdem ratsam, den Redefluss durch Sprechpausen zu unterbrechen, da diese positiv auf die Konzentrationsfähigkeit des Gegenübers wirken können.

Es ist selbstverständlich, dass wir klar, deutlich und sauber sprechen. Was nutzt die schönste Fachinformation, wenn sie genuschelt oder unverständlich vermittelt wird?

Abwechselnde Sprache

Wir bringen Leben in die Sprache. Da unser Thema aktuell und lebendig ist, orientiert sich daran auch die Aussagekraft unserer Ausführungen:

Mal

- sachlich – bestimmt – abschließend
- fragend – zweifelnd
- traurig
- erfreut – lustig
- ironisch – sarkastisch
- darstellend

Unter ‚darstellend' ist zu versehen, dass eine verbale Aussage nonverbal bildlich gemacht wird. Wir benutzen dazu das sehr große Repertoire der Körpersprache. Je bewegter unsere Sprechweise, desto bewegter und damit aussagekräftiger die Reaktionen der Zuhörer!

Zäsur – Sprechpause

Auch wortlose Momente, also bewusst eingefügte Pausen, können Aufmerksamkeit und Spannung beim Gesprächspartner bewirken.

- Vor-Zäsur = bewusste Verzögerung – erzeugt Spannung
- Nach-Zäsur = Pause nach einer Aussage – erzeugt Nachdenken

Sprechpausen dienen zum Beispiel

- zur Gliederung
- zur Erzeugung von Spannung
- um Ruhe (wieder) herzustellen
- um schnelles Sprechen auszugleichen
- um Luft zu holen
- um dem Teilnehmer die Möglichkeit zu geben, die Informationen auch zu verarbeiten.

Lesegeschwindigkeit

Das ideale Sprechtempo soll bei 100 bis 130 Wörtern pro Minute liegen. Die Lesegeschwindigkeit kann so errechnet werden: Anzahl Wörter geteilt durch Sekunden x 60 = Wörter pro Minute (WpM)

< 100 WpM	⟵	extrem langsam
100 – 150 WpM	—	langsam
150 – 200 WpM	—	durchschnittlich
200 – 250 WpM	—	schnell
> 250 WpM	⟶	extrem schnell

Sprechakte – Funktionen der Sprache

John Langshag Austin, britischer Philosoph (1911 – 1960), unterscheidet folgende Funktionen der Sprache (Sprechakte oder Sprechhandlungen):

Lokutionärer Sprechakt:	Illokutionärer Sprechakt	Perlokutionärer Sprechakt
„Wir sehen uns wieder."	„Wir sehen uns wieder."	„Wir sehen uns wieder."
Einfaches Aussprechen der Wörter. Die Wörter als solche zählen. Der reine Sachinhalt wird dargestellt.	Betontes Aussprechen der Wörter. Hier zum Beispiel als Drohung. Die Wörter werden mit der damit verbundenen Tätigkeit benutzt. Zum Beispiel Versprechen, Drohung, Ankündigung.	Durch das Aussprechen der Wörter wird auf einen Erfolg hin gearbeitet. Zum Beispiel Erwartung, Flucht, Planung.

Ausleitung

„Keine rhetorischen Fremdwörter"

Liebe Leserin, lieber Leser, Sie haben es geschafft! Sie sind am Ende des Ratgebers angekommen.

Struktur, Ablauf, Interaktion, affektive Bedeutung einzelner Wörter, Sinneswahrnehmungen und anderes sollten jetzt keine rhetorischen Fremdwörter mehr darstellen.

Die rhetorische Basis ist aufgebaut – das Präsentations-Gerüst steht und wartet nun darauf, von Ihnen gefüllt zu werden.

Guten Erfolg mit Ihrem Wissen und Ihren Fähigkeiten.

Alles Beste bis zu einem möglichen ‚Wiederlesen' in einem anderen Ratgeber unserer Reihe „Das kleine Rhetorik-Handbuch [2100]".

Horst Hanisch

Stichwortverzeichnis

Knigge als Synonym

Umgang mit Menschen

Suche weniger selbst zu glänzen, als andern Gelegenheit zu geben, sich von vorteilhaften Seiten zu zeigen, wenn Du gelobt werden und gefallen willst.

Adolph Freiherr Knigge, aus dem Buch „Über den Umgang mit Menschen",
1788
(1752 - 1796)

Schon zu seinen Lebzeiten war Adolph Freiherr Knigge (1752 – 1796) umstritten. Knigge setzte sich durch sein energisches Eintreten für die Ziele der Aufklärung, so wie er sie verstand, scharfen Angriffen aus. Er arbeitete als Romanschriftsteller und Satiriker sowie als politischer Schriftsteller. Er gehörte den Freimaurern an. Heute ist Knigge vor allem seines Buches wegen ‚Über den Umgang mit Menschen' (1788) bekannt. Und zwar deswegen, weil sein Werk als Etikette-Buch angesehen wird.

Das große Missverständnis

Knigge verdankt seinen heutigen Ruf und Erfolg aber einem Missverständnis. Denn: Das Werk Adolph Freiherr Knigges gilt als Etikette-Buch ersten Rangs. Allerdings beschreibt Knigge keine Regeln wie mit Besteck umzugehen ist oder das Verhalten bei Tisch, stattdessen offenbart er eine praktische Lebensphilosophie im Umgang mit Mitmenschen. Er gibt Anleitungen und Anregungen, wie mit seinen Mitmenschen richtig umzugehen ist. Knigge hoffte damit, dass die Menschen glücklich und froh miteinander leben könnten. Sein Buch erschien 1788 und war schon kurze Zeit in fast allen Haushalten zu finden. Auch über 200 Jahre nach Erscheinen prägt sich sein Buch im Bewusstsein der Leser als praktisches Handbuch über gutes Benehmen ein.

Über den Umgang mit Menschen

In drei Teilen seines Buches hat Knigge über den Umgang mit verschiedenen Menschengruppen geschrieben, zum Beispiel:

- Über den Umgang mit Leuten von verschiedenen Gemütsarten, Temperamenten und Stimmungen des Geistes und des Herzens (Erster Teil, 3. Kapitel)
- Über den Umgang mit Frauenzimmern (Zweiter Teil, 5. Kapitel)

- Über die Verhältnisse zwischen Herrn und Dienern (Zweiter Teil, 7. Kapitel)
- Über das Verhältnis zwischen Wohltätern und denen, welche Wohltaten empfangen; wie auch unter Lehrern und Schülern, Gläubigern und Schuldnern (Zweiter Teil, 10. Kapitel)
- Über den Umgang mit den Großen der Erde, mit Fürsten, Vornehmen und Reichen (Dritter Teil, 1. Kapitel)

Knigge heute als Synonym für Umgangsformen

Obwohl es heute klar ist, dass Knigge anderes verfolgte, als wir unter seinem Namen verstehen, soll ‚Knigge' als Synonym für den Bereich stehen, dem sich das vorliegende Handbuch widmet.

Wir behandeln das Thema Kommunikation in seinen Details. Ist das nichts anderes als der Umgang mit Menschen?

Gerade davon ausgehend, dass die zwischenmenschliche Kommunikation einen immensen Einfluss auf das Wohl und Gedeih eines Einzelnen nimmt, passt dieser Ratgeber gedanklich zu den Ideen des Freiherrn Knigge.

12 Ratgeber in der kleinen Knigge-Reihe

Der kleine ... -Knigge ²¹⁰⁰ (Je € 9,70; 88 Seiten, 12x19 cm, kartoniert)

Anstands- und Banausen-...	Interkulturelle- und Auslands-...
Business- und Kunden-...	Bewerbungs- und Vorstellungs-...
Büro- und Kollegen-...	Event- und Feste-...
Gäste- und Gastgeber-...	Gastro- und Tischsitten-...
Gesellschafts- und Freunde-...	Speisen- und Exoten-...
Outfit- und Stil-...	Trinkkultur- und Getränke-...

12 x kleines Handbuch der Rhetorik 2100

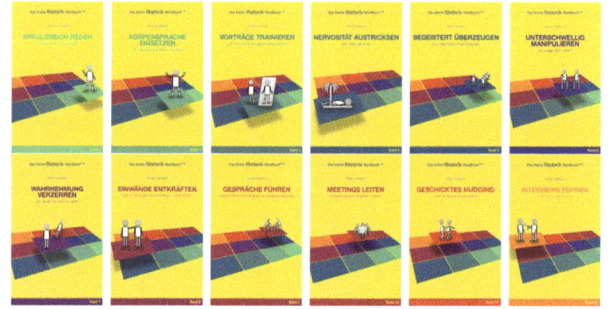

Der kleine Handbuch der Rhetorik ²¹⁰⁰ (Je € 9,70; 100 Seiten, 12x19 cm)

Erfolgreich reden	Wahrnehmung verzerren
Körpersprache einsetzen	Einwände entkräften
Gezielt trainieren	Gespräche führen
Nervosität austricksen	Meetings leiten
Begeistert überzeugen	Geschicktes Nudging
Unterschwellig manipulieren	Interviews führen

4 Ratgeber in der Ego-Management-Reihe

Jeder Ratgeber € 14,90, 104 Seiten, A5
Persönlichkeits-Ma-nagement – Ego-Knigge ²¹⁰⁰ Soft Skills, Selbst-Reflexion und Selbst-Bewusstsein

Stress-Management – Ego-Knigge ²¹⁰⁰ Lampenfieber, Stressoren, Gerüchte, Mobbing, Burnout, Stressvermeidung
Zeit-Management– Ego-Knigge ²¹⁰⁰ Umgang mit der Zeit, Organisation von Arbeitsabläufen, Perfektionismus, Zielsetzung
Gedächtnis-Management – Ego-Knigge ²¹⁰⁰ Gehirn, Intelligenz, Schwachsinn – Hochbegabung, Gedächtnis, Lerntechniken

4 Ratgeber in der Reihe Lebenseinstellung

Jeder Ratgeber € 12,95, 160 Seiten, A5
Aberglaube-Knigge ²¹⁰⁰ Von schwarzen Katzen, der linken Hand des Teufels und den Glücksbringern

Lügen- und Egoismus-Knigge ²¹⁰⁰ Überleben durch Flunkern, Schummeln und Täuschen! Macht, Respekt, Wertschätzung? Lebenslüge und Lebensschutz
Glücks-Knigge ²¹⁰⁰ Vom Glücklichsein, positiven Denken und von Freundschaften
Angst- und Optimismus-Knigge ²¹⁰⁰ Die Furcht beherrschen, Ängste nutzen und positiv durchs Leben gehen

3 Ratgeber Bräutigam, Braut, Brautpaar

Bräutigam-Knigge ²¹⁰⁰ Verlobung und Polterabend, Schwiegereltern und das Ja-Wort, Hochzeits-Outfit und Hochzeits-Kutsche
Braut-Knigge ²¹⁰⁰ Brautkleid und Accessoires, Das große Hochzeitsfest, Höhepunkte und Hochzeitstanz
Brautpaar-Knigge ²¹⁰⁰ Historisches und Sonderbares, Planung und Organisation, Aberglaube und Hochzeitsbräuche
Jeder Ratgeber € 15,90, 104 Seiten, A5, kartoniert

2 Ratgeber Selbst-Coaching

Jeder Ratgeber € 12,95, 120 Seiten, A5
Selbstbewusstsein Knigge ²¹⁰⁰ Ich bin, ich kann, ich will. Das eigene Leben bestimmen, Soft Skills, The Winner 1
Selbstwertgefühl Knigge ²¹⁰⁰ Steh auf! – Werde aktiv! – Zeige Profil! Das eigene Leben beeinflussen, Motivation, The Winner 2

Leben und Lifestyle

Das kleine Knigge-Quiz [2100] € 9,70; 96 Seiten, 12x19 cm, kartoniert
Jugend-Knigge [2100] Knigge für junge Leute und Berufseinsteiger, € 15,90; 152 Seiten
Zukunfts-Knigge [2100] Verfall der Sitten und Verlust der Wertschätzung? Umgangsformen in 100 Jahren. Zusammenleben mit Menschen, Maschinen und menschenähnlichen Robotern, € 14,95; 172 Seiten A5 kartoniert
Hochzeits-Knigge [2100] Hochzeitsbräuche, Geschenke, Brautjungfer, Trauung, Festgäste und Festmahl, € 29,95; 310 Seiten A5
Ü65- und Senioren-Knigge [2100] Die junge Alten und die alten Jungen, Kommunikation und Verständnis zwischen den Generationen, Einsamkeit und technischer Fortschritt, € 19,95; 180 Seiten A5
Blumen-Knigge [2100] Historisches, Mystisches, Festliches, Blumen-Sprache, Umgang mit Blumen-Präsenten, € 19,95; 144 Seiten A5
Bekleidung! Ausdruck der Persönlichkeit – Lukas' Outfit-Knigge [2100], € 19,95; 196 Seiten A5
Nudel-Knigge [2100] Himmlische Teigwaren, € 17,95; 140 Seiten A5
Der Interkulturelle Kompetenz-Knigge [2100] Kultur, Kompetenz, Eindrücke – Gesten, Rituale, Zeitempfinden – Berichte, Tipps, Erlebnisse, € 29,95; 240 Seiten A5
Wertschätzung-Knigge [2100] Gleichberechtigung, Gender und Respekt, Sexuelle Orientierung, Umgang bei Diskriminierung und Mobbing, € 14,95; 152 Seiten A5
Dschungel-Knigge [2100] Umgang in ungewohnter Umgebung, € 23,95; 192 Seiten A5
Der Dicke-Knigge [2100] Aus dem prallen Leben des Dicken, € 15,90; 104 Seiten A5
Typisch Frau – Typisch Mann Knigge [2100] Unterschiede und Gemeinsamkeiten im Umgang mit dem anderen Geschlecht, € 12,95; 128 Seiten A5
Kulinarischer und Gastronomischer Knigge [2100] Von Events, Feiern, Aperitif über Esskultur, Speisen und Getränken zu zeitgemäßen Tischsitten, € 26,50; 284 Seiten A5
Klo- und Pinkel-Knigge [2100] Vom privaten und öffentlichen Bedürfnis - Umgangsformen im Tabu-Bereich, € 13,50; 104 Seiten A5
Omi hüpf' mal Märchen meiner Großmutter, Erlebnisse ihre Jugend und wahre Geschichten meines Vaters von und über Omi Rickchen, Hardcover, € 29,95; 312 Seiten
Der Hunde-Knigge [2100] Umgang mit dem Hund – Hundesprache – Der Hund in der Gesellschaft, € 17,95; 180 Seiten A5
Welcome to Germany-Knigge [2100] Umgangsformen, Verhaltensmuster und gesellschaftliches Miteinander im deutschsprachigen Europa, € 11,99; 108 Seiten A5
Besuch willkommen Knigge [2100] Einladung, Gast, Geschenk, Empfang, Feier, Gastfreundschaft, € 14,95; 200 Seiten A5
Leben, Tod und Ansichten Austausch mit Berühmtheiten über Wichtiges und Unwichtiges im Leben, € 12,95; 116 Seiten A5
Leben, Tod und Überlegungen Austausch mit Berühmtheiten über Größe, Ewigkeit und Spaß im Leben, € 12,95; 116 Seiten A5
Tod, Trauer, Totenkult-Knigge [2100] Sterben, Trost, Takt, Bestatten, Tradition, Vorsorge, Tabus, Vergänglichkeit und Sonderbares, € 17,95; 212 Seiten A5

Leben und Lifestyle

Rhetorik, Soft Skills, Hochschule, Beruf

Rhetorik ist Silber Von den ersten Schritten zu einer perfekten Präsentation, € 17,90; 144 Seiten A5, kartoniert, Zeichnungen
Moderation ist Gold Gesprächsführung, Umfragen, Talkrunden und Manipulation, € 17,90; 144 Seiten A5, kartoniert, Zeichnungen
Lebhafte Körpersprache in Vorträgen, Präsentationen, Gesprächen, € 17,90; 144 Seiten A5, kartoniert, ca. 290 Zeichnungen
Rhetoric – Mastering the Art of Persuasion, € 22,90; 144 Seiten A5, kartoniert
Discussion – Mastering the Skills of Moderation, € 22,90; 144 Seiten A5, kartoniert, Zeichnungen
Body Language in Europe, € 22,90; 144 Seiten A5, kartoniert, ca. 290 Zeichnungen
Körpersprache – Lüge, Verrat, Macht, Im Beruf, vor Gericht, beim Flirt – Gewinnerpose und Demutshaltung – Drohung und Zuneigung; € 29,95; 364 Seiten A5, kartoniert, über 400 Zeichnungen
Das große Buch der Rhetorik [2100] Tacheles reden; Präsentieren; manipulieren und überzeugen, € 37,45; 332 Seiten A5, kartoniert, viele Darstellungen
Trickreiche Rhetorik [2100] Psychologische Gesprächsführung, manipulierende Darstellung, unaufdringliches Nudging, € 37,45: 300 Seiten A5, kartoniert, Zeichnungen
Soft Skills-Knigge [2100] Soziale, Persönlichkeit, Selbstmanagement, € 37,45; 324 Seiten A5, kartoniert, viele Darstellungen
Schlagfertigkeit-, Spontaneität-, Stegreif-Knigge [2100] Impulsiv handeln, verbale Angriffe kontern, Störungen entwaffnen, € 13,50; 104 Seiten A5
Pitch Skills und Überzeugungs-Knigge [2100] Elevator Pitch, Geldgeber beeindrucken, Feuer versprühen, € 13,50; 128 Seiten A5, kartoniert
Smalltalk-Knigge [2100] Vom kleinen Gespräch bis zum charmanten Flirt - Kontakt ausbauen, Sympathie zeigen, Begehrlichkeit wecken, € 13,50; 100 Seiten A5
Quassel-Knigge [2100] Quasseln, Quatschen, Quengeln oder Lebenswichtige Kommunikation – Gezielt eingesetzte Rhetorik – Aussagekräftiges Profil zeigen, € 13,50; 112 Seiten A5
Hochschul-Knigge [2100] Studentischer Umgang in und außerhalb der Hochschule am Beispiel der Cologne Business School, 132 Seiten A5, kartoniert, Fotos
Jugend-Karriere-Knigge [2100] Schule und Studium, Netzwerk und Klüngel, Erfolg und Risiken, € 19,95; 224 Seiten A5, kartoniert, Zeichnungen, Checklisten
Bewerbungs-Knigge [2100] **für Frauen – Tina bewirbt sich / Bewerbungs-Knigge** [2100] **für Männer – Tom bewirbt sich**, Vorbereitung, Wahl der Kleidung, Verhalten beim Bewerbungsgespräch, je € 19,70; 128 Seiten A5, kartoniert, Fotos, Checklisten
Kreativitäts-Knigge [2100], Visionärhaft denken, Scheuklappen sprengen, Mentales Risiko eingehen, € 14,95; 164 Seiten A5, kartoniert
Team und Typ-Knigge [2100], Ich und Wir, Typen und Charaktere, Team-Entwicklung,
€ 14,95; 128 Seiten A5, kartoniert, viele Darstellungen
Die flotte Generation Y im 21. Jahrhundert, selbstbewusst – lebensbetonend – flexibel. Wie mit der Generation Y zielorientiert und erfolgreich gearbeitet werden kann,
€ 12,95; 116 Seiten A5, kartoniert, Zeichnungen
Die flotte Generation Z im 21. Jahrhundert, entscheidungsfreudig – effizient – eigenverantwortlich. Wie mit der Generation Z zielorientiert und erfolgreich gearbeitet werden kann, € 12,95; 140 Seiten A5, kartoniert, Zeichnungen

Rhetorik, Soft Skills, Hochschule, Beruf

Englisch:

Beratung, Coaching, Seminar

Wer hat nicht gerne mit Menschen zu tun, die selbstbewusst und selbstsicher mit anderen Menschen umgehen?

Geschäftspartnern, die die elementaren Regeln des ‚Benimms' beherrschen, stehen die Türen zum Erfolg offen.

Unternehmen, die neben ihrer fachlichen Leistung auch ‚menschlich' überzeugen wollen, bieten wir für ihre Mitarbeiterinnen und Mitarbeiter aktives Training im Umgang mit Kunden, Gästen, Kollegen und Gesprächspartnern an.

Auf unserer Website informieren wir Sie über unsere Angebote:

- Firmen-Internes-Training
- → Business-Etikette und das Lehrmenü
- → Präsentieren, Moderieren, Kommunizieren
- → Körpersprache und ihre Geheimnisse
- Offen ausgeschriebene Seminare
- → Teuflische Rhetorik
- → Flottes Reden vor und zu anderen
- → Der erste Eindruck

- → Ladies Power
- Individuelles Einzelcoaching
- → Authentisches Auftreten
- → Dress for Success
- → Verhandlungstechniken
- → Persönlichkeit
- Interkulturelles Training
- Freundlichkeits-Checks in Unternehmen
- Workshops

- → Soft Skills
- → Team-Training
- → Intensiv-Training für
- → TV-Auftritte
- → Vorträge
- → Präsentationen
- → Reden
- Fachliteratur und Arbeitsunterlagen
- Vorträge/Speaker
- → Vor kleinem und vor großem Publikum

Individuelles Coaching für Einzelpersonen: Und, wer es ganz individuell mag, greift zurück auf ein Einzel-Coaching. Hier werden ganz persönliche Herausforderungen angegangen, mit Themen wie:

- Interkulturelle Kompetenz
- Selbstsicheres Auftreten
- Präsentations-Techniken
- Erfolgreiche Verhandlungsführung

- Der Erste Eindruck
- Bewerbungstraining
- Rhetorik und Überzeugungskraft

und andere Themen – direkt auf die besonderen Bedürfnisse des Einzelnen zugeschnitten. Besuchen Sie uns auf www.knigge-seminare.de